U0362462

竞争市场复杂风险仿真及控制

Simulation and Control of Complex Risk in Competitive Markets

吴芳 著

南开大学出版社

天 津

图书在版编目(CIP)数据

竞争市场复杂风险仿真及控制 / 吴芳著. —天津：
南开大学出版社，2023.7
　ISBN 978-7-310-06437-3

　Ⅰ.①竞… Ⅱ.①吴… Ⅲ.①市场竞争－风险管理－
研究 Ⅳ.①F713.50

中国国家版本馆 CIP 数据核字(2023)第 062975 号

竞争市场复杂风险仿真及控制
JINGZHENG SHICHANG FUZA FENGXIAN FANGZHEN JI KONGZHI

南开大学出版社出版发行
出版人：陈　敬
地址：天津市南开区卫津路 94 号　　邮政编码：300071
营销部电话：(022)23508339　营销部传真：(022)23508542
https://nkup.nankai.edu.cn

河北文曲印刷有限公司印刷　全国各地新华书店经销
2023 年 7 月第 1 版　　2023 年 7 月第 1 次印刷
230×155 毫米　16 开本　12.5 印张　2 插页　184 千字
定价：66.00 元

如遇图书印装质量问题,请与本社营销部联系调换,电话：(022)23508339

前　言

巴西热带雨林中的蝴蝶，扇动翅膀产生的微小空气扰动，引发了两周后美国德克萨斯州的巨大龙卷风，气象学家洛伦兹称之为"蝴蝶效应"。类似的，在竞争市场中，看似毫无关系、非常微小的事件可能引发市场价格或产量意想不到的、巨大的、持续的波动，使供需双方都面临不确定的风险。

某些并不影响竞争市场稳定性的微小事件，可以采取"难得糊涂"的策略，但是当环境发生变化，相似的微小事件，便可能引发并衍生一系列灾难，导致市场波动不可预测，此时更应当关注细节，防微杜渐。

那么，如何掌握"难得糊涂"和"防微杜渐"的边界呢？导致蝴蝶效应的潜在原因是市场突破了稳定的临界线，进入非稳定状态并发生了混沌波动，在剧烈波动的市场中，供需双方无法做出合理的预期。并且，根据尖点突变理论，当市场越过均衡稳定的临界线，采取各种措施也难以再走回头路，而是需要经过更多的努力，越过另外的艰难壁垒才可能再次进入稳定的状态。因此，早期感知、预警和防范化解复杂风险意义重大。

本书基于动态博弈理论建立范围经济、柔性制造、差异化市场预望、交叉持股、委托代理、附生供求、新技术采纳、技术生命周期、能源市场化改革等竞争市场模型，使用仿真模拟技术探索了市场稳定的边界，进一步分析边界以外的市场复杂波动特征，指出稳定边界外应当关注细节并谨慎行事。

笔者从 2011 年开始从事复杂理论研究，同时也希望通过本书结交更多相关领域的朋友，本书涉及复杂性理论、博弈理论、仿真模拟、管理科学、经济学、数学建模等领域，是一次多学科交叉融合的尝试。复杂系统的仿真，本书使用了 Mathematica 和 Matlab 软件。

　　由于成书时间仓促，错误在所难免，诚请读者批评指正。

吴　芳

2023 年 6 月

目　录

第一章 绪 论

1.1 研究背景

全球正面临前所未有的变化，疾病、自然灾害、国际关系突变等考验着各国的经济韧性。应急事件后，极度敏感的市场中的微小事件即可引发系列衍生灾难，导致市场波动不确定和不可预测。蝴蝶效应频发，常规标准化的管理提效方法不再适用甚至导致决策快速失败（MacCormack，2013）。早期感知、早期预警，对防范化解重大复杂风险至关重要。

因此，面对国内竞争市场的复杂变革，外部冲击引发市场内部复杂演化，传统的通过因果链进行干预和规避风险的方法对超级市场波动、差异化市场预期、柔性制造、交叉持股、委托代理、附生供求、新技术采纳、技术生命周期、公益产品粘性定价等随机性、不断演变性和非线性市场不再起效，只能通过预防和减轻的方式进行干预（Schweizer et al.，2021）。如何从系统内部提高市场的韧性和应急能力，构建具有中国特色的主动预防型的复杂风险预警策略，是学界必须研究的课题。因此，笔者提出本书的研究主题——"竞争市场复杂风险仿真及控制"。

1.2 研究意义

市场的稳定及可预期是建立国内大市场的坚实基础。早期感知、预警和防范化解复杂风险意义重大。"竞争市场复杂风险仿真及控制"以演化博弈理论为基础，研究超级市场波动、差异化市场预期、柔性制造、交叉持股、委托代理、附生供求、新技术采纳、技术生命周期、公益产品粘性定价等场景下的市场的稳定性及复杂风险，并使用计算机仿真探究竞争市场中关乎复杂性的关键因素、节点和环节。本研究从不确定性视角分析了市场中蕴含的复杂动态特性，扩大了复杂经济理论研究的"领地"，是促进市场平稳，维持产品安全稳定供给的必要保障，为稳定国内经济大盘、增强我国竞争市场的韧性和应急能力，从市场内部构建主动预防型复杂风险预警体系提供理论支持。因此，本项研究具有重要的理论和实践意义。

1.3　国内外现状综述

本项研究的目标是从整体角度研究竞争市场的复杂风险，相关研究包括：国内市场的竞争情景，复杂性研究，复杂竞争市场博弈的研究结构和趋势。因此，从以上三个角度对国内外的研究情况进行梳理。

1.3.1　国内竞争市场情景

（1）产品差异化、精准营销、范围经济、柔性制造

大规模生产单一产品很难获得垄断地位和竞争优势，精准营销和范围经济可推进差异化的生产。有调研显示，在美国 39％ 的企业生产多样化的产品（即多产品）并可以满足市场 87％ 的需求（Bernard et al.，2010）。差异化的生产有两种情形：消费中互补，如网球拍和网球；生产中互补，如铁路企业可以同时提供客运和货运服务，邮政企业提供函件、包裹、报刊等服务。产品族是企业生产多产品的典型实例，指的是为了满足客户的多样化需求，企业利用通用的、成熟的产品平台，通过对顾客需求调查分析，对产品平台添加不同的个性模块，进行产品平台及其相关族产品的设计，以低成本和快速开发周期来满足市场对商品多样化的需求，以赢得竞争优势。

Brander 与 Eaton（1984）提出了产品线的概念。他们认为企业会根据自身和竞争对手的情况选择生产系列产品，产品线竞争研究的本质是多产品竞争研究。Chisholma 与 Norman（2012）研究了多产品寡头的产品线竞争，其中一个寡头可以进入当地市场与对手进行竞争，此举会导致距离成本。Gallegon 与 Georgantzis（2001）调查了多产品差异化寡头伯特兰德（Bertrand）竞争的纳什（Nash）均衡。Lin 与 Zhou（2013）研

究了多产品企业的研发投资组合，证明了当多产品替代性增强时，投资组合将更加专一化。Harvey 与 David（2006）构建了异质多产品古诺（Cournot）寡头模型，发现当多产品互补（或替代），产品单位成本之间的关系更加密切时，企业的福利将会增加（或减少）。

随着数据采集技术和智能分析技术的应用，企业利用网络爬虫、数据挖掘、机器学习等算法对用户数据进行分析，获得"比消费者本身更了解自己"的隐秘信息，构建消费者画像（Li，2019），从而进行精细化营销（Sun et al.，2019）。精细化营销促进了更细粒度的范围经济（中关村信息技术和实体经济融合发展联盟等，2021），也促进企业柔性制造（Wu et al.，2015）。一些学者对移动定位、关联分析、聚类分析等技术助力精准营销展开研究，如基于位置服务视角，朱志国等（2020）将地理信息技术引入移动消费者推荐模型；基于关联分析视角，吴安波等（2019）使用卷积神经网络，发现了消费者颜值与销售的动态关系；基于客户维护角度，Liu（2021）使用神经网络算法进行用户流失预测。

（2）技术演化相关研究

新技术推广采纳的动态演化。近年来，有学者开始使用指数迭代方程分析策略选择的动态演化过程，被称为异步更新机制。基于收益与效用角度，Kopel 等人（2014）使用异步更新机制分析了竞争者的内生策略动态选择，参与者可以在利润最大化和社会效用最大化中进行选择，发现企业如果能更多地考虑消费者福利将会获得更高的市场份额。基于生产决策角度，Baiardi 等人（2015）构建了寡头竞争演化博弈模型，企业可以选择局部垄断最大化（local monopoly approximation）和梯度动态（gradient dynamics）两种生产决策，他们分析了两种策略的全局最优特征。在更加广泛的角度，Bischi 等人（2018）认为使用异步更新机制构建的二元选择模型可以应用于研发投资、环境保护等更多领域。更有学者发现，基于异步更新机制的技术选择模型蕴含混沌行为。新技术采纳实质上是技术选择的动态过程，然而分析技术选择与竞争市场波动的关联至今鲜有专著涉及。

技术进步、产品生命周期变化。传感器的核心部件是芯片，快速的技术更新使得芯片价格剧烈波动。由于频繁的技术创新，相同的传感器芯片的价格大约每 18 个月下降一半，集成电路中的组件数量以相同的价格增加一倍（Xiu，2019）。随着技术更新速度的加快，传感器市场的复杂特征逐渐显现。政策激励能否与技术更新相协调？事实上，许多产业政策跟不上技术发展的步伐。政策协同对新型技术的推广至关重要。技术进步、产品生命周期变化对市场的动态影响，也是需要关注的课题。

（3）粘性价格相关研究

凯恩斯主义经济学认为，产品价格并非紧随需求波动，有时表现出滞后性，即价格具有粘性特征（Figus et al.，2020），特别是公益产品，例如电力、水、天然气和汽油。新凯恩斯主义（Jordi，2015）提出了粘性价格模型，从那时起，粘性价格博弈就得到了扩展。Fershtman 等人（1987）通过微分博弈建立了双寡头古诺模型，并分析了开环和闭环价格粘性特征下的纳什均衡。Roberto 等人（2007）构建了差异化的寡头垄断模型并比较了开环和闭环供应链的价格粘性和广告效果的差异。Shunichi 等人（1990）研究了具有粘性价格的双寡头无限博弈的非线性策略，通过汉密尔顿-雅各比方程分析了反馈平衡。考虑价格粘性和广告合作，Lu 等人（2019）建立了制造商主导的模型，分析了不同行为选择下的最优性。Claudio（2000）构建了双头垄断博弈并带有价格粘性的公共物品模型，发现广告导致了开环均衡中更高的市场价格。Xin 等人（2018）提出了生产计划与节水双决策寡头博弈粘性价格的模型，分析了静态，闭环、开环和反馈均衡下的最佳生产计划和节水策略。

以上研究没有考虑粘性价格的原因，即信息的粘性：为了降低成本，使用以往的信息代替当前信息，此种情况有待于进一步研究。

1.3.2　复杂性研究

（1）国外研究

世界知名的复杂性研究中心圣塔菲研究所（Santa Fe Institute，SFI，1984 年至今），致力于物理、计算机、生物和社会系统复杂性研究。研究所汇集的研究成果分为系统动力学派、适应性学派、混沌学派、交叉学派和结构学派（Magda，2010）。系统动力学派倾向于使用系统动力学方程描述学习型组织的复杂问题（Forrester，1994）；适应性学派关注一定规则下的涌现、演化、混沌边缘（Holland，1975），其中，知名学者 Arthur（2014）致力于复杂经济学，并认为非均衡、非线性才是经济的常态；混沌学派常用微分方程处理物理及管理经济问题（Li and Yorke，1975）；交叉学派关注多领域交叉（Wu and Ma，2018）；结构基础学派（Warfield，1978）倾向于使用西方逻辑，如图论、布尔方法等描述复杂系统。与此同时，也有学者将复杂性研究归结为美国学派和欧洲学派（苗东升，2001）。

（2）国内研究

20 世纪 80 年代，我国科学家以中国特色管理实践为背景研究复杂性理论。钱学森院士给出复杂问题的定义是"凡是不能用还原论方法处理的、或不宜用还原论方法处理的问题，都是复杂问题"，并提出使用"综合集成方法论"：先从还原论出发再整体综合的研究思路（钱学敏，2005）。

在工程复杂性方面，梁茹等（2017）认为社会系统中人的记忆、学习和应对能力越强，系统就越复杂，演化路径也越多样化。盛昭瀚等（2019）提出使用全景式质性分析、联邦式建模等整体性分析方法，在多维度、多层次及总体上分析中国重大工程的复杂性。麦强等（2019）将重大工程的复杂性分为混沌、关联、混杂、冲突，提出探索、吸收、分解、承担的复杂性降解逻辑框架。

在信息技术与数字经济方面，汪寿阳等（2021）提炼了信息技术背景下，复杂系统管理的五个研究方向：系统的特征、性质与演化；知识和信息融合；融合建模与分析；智能优化、仿真和调控；宏观经济与金融复杂系统。陈收等（2021）认为数字经济引发的强关联性会导致金融经济系统的多元化和复杂化，进而增加风险预警和监管难度。

除此之外，复杂性研究还延伸到生产制造与调度（吴启迪等，2009；吴芳等，2018）、企业组织管理、产业集群、企业治理（范如国等，2019；范如国等，2021）、低碳供应链（Ma et al.，2021）、城市交通（高自友等，2010）、能源环境（Wu et al.，2021）等领域。

对于上述复杂性研究而言，国外文献注重方法研究，国内更加关注中国特色管理实践的复杂性。但是鲜有学者针对竞争市场复杂性演化展开分析。

1.3.3　复杂竞争市场博弈的研究结构和趋势

疾病、自然灾害和其他突发事件使经济和管理系统面临非线性和随机变化。近年来，复杂性科学引起了广泛关注。复杂经济学认为经济模型是动态的、随机的、不可预测的；平衡和稳定是暂时的。它正在改变传统的经济理论。基于复杂性理论、文献计量学理论、非线性理论、博弈论，结合知识图谱的构建方法，本节将分析 1998—2002 年的 200 篇文章，通过可视化技术呈现了复杂竞争博弈的研究结构和理论演变，讨论了关键词的聚类和它们之间的逻辑关系，然后对热点关键词和共现关键词进行分析。

（1）简介

复杂性理论正在深刻地改变着经济学。新古典经济学认为静态和均衡是不变的状态，博弈者在一个平衡的世界里做决定。相反，复杂经济学接受随机性、不确定性、非平衡性、动态变化，而且还认为经济系统可以自我更新、自我评估，是不确定的。

复杂性理论起源于 19 世纪，并不源于经济学。在化学、生物学和物理学中，科学家们发现了一类不平衡的、变化的、周期性的和随机的系统，并称它们为复杂系统。复杂系统由许多个体组成，它们可以相互作用，分享信息并调整自己的行为。因此，它也被称为复杂适应性系统（Ball，2007）。社会系统也是一个复杂的适应性系统，在这个系统中，个体之间相互交流并调整他们的策略（Arthur，2021）。近年来，在公共卫生事件、技术革命、战争、自然灾害等突发事件的影响下，经济系统明显呈现出复杂性特征。1987 年，位于美国新墨西哥州的圣菲研究所正式提出："经济可以被看作是一个不断进化的复杂系统。"1999 年，阿瑟首次提出"复杂经济学"这一概念（Arthur，1999）。复杂经济学是一种超越均衡的理论，它是不确定的、不可预测的、依赖过程的、可进化的。

（2）研究框架

研究包括四个步骤：数据收集、数据分析、研究热点回顾和未来研究展望，如图 1-1 所示。文献数据来自 web of science，聚类分析和热点分析由 Citespace（科学文献可视化软件）在文献中进行。web of science 是获取全球学术信息的重要数据库平台，web of science 三大引文索引（SCIE+SSCI+A&HCI）①收录了全球 12,400 多种权威的、高影响力的国际学术期刊。

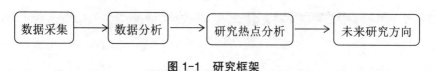

图 1-1 研究框架

检索公式为："复杂"或"复杂性"或"混沌"或"稳定性"或"分岔"或 "市场"或"博弈"或"竞争"。经过人工逐一筛选，1998—2022 年的 200 篇论文被选中。数据分析过程如表 1-1 所示。

表 1-1 文献数据分析流程

步骤	解释
①数据格式	数据来自于 web of science，以 text file 文件格式导出
②数据预处理	去除重复文献
③数据转化	将数据引入 Citespace，执行 conversion 命令
④数据分析和可视化	聚类、关键词及其共现关键词

（3）聚类分析和热点分析

① 聚类分析

本研究的聚类情况如图 1-2 所示，被聚为 12 类。

---

① SCIE、SSCI、A&HCI 分别是科学引文所引扩展版（science citation index expanded）、社会科学引文所引（social sciences citation index）、艺术与人文引文所引（arts and humanities citation index）。

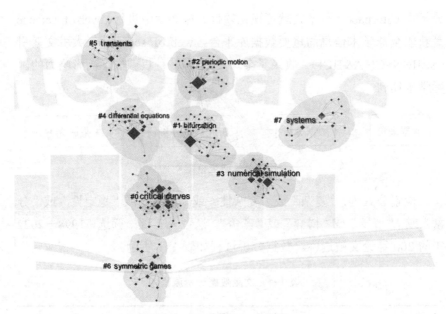

图 1-2   基于关键字的聚类（注释见表 1-4）

　　每个研究集群都是典型的、有代表性的。表 1-2 解释了每个聚类，图 1-3 显示了聚类之间的逻辑关系。

表 1-2   聚类分析

类标号	聚类解释
#0 临界曲线 （critical curves）	计算均衡、周期和混沌的边界
#1 分岔 （bifurcation）	包括尼玛克-萨克尔分岔（Neimark-Sacker bifurcation）、霍普夫分岔（Hopf bifurcation）、倍周期分岔（Flip bifurcation）等等
#2 周期性运行 （periodic motion）	经济波动的周期性特征
#3 数值模拟 （numerical simulation）	通过数值模拟分析了动态系统、周期性波动、分岔和混沌
#4 差分方程 （differential equations）	经济迭代模型是通过差分方程建立的
#5 瞬态（transients）	通过时间序列方法分析系统的瞬时动态
#6 对称性博弈 （symmetric games）	通过对称性游戏计算静态纳什均衡
#7 系统（systems）	动态系统

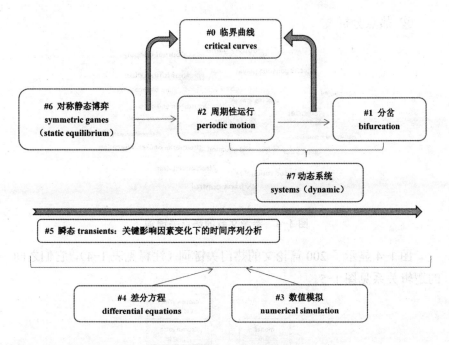

图 1-3　聚类之间的逻辑关系

　　在复杂因素的刺激下，经济系统从静态平衡〔对称静态博弈（symmetric game）〕发展到周期性运行（periodic motion），然后是分岔（bifurcation）和混沌。周期和分岔研究是动态系统（dynamic system）分析的一部分。临界曲线（critical curves）分析包括从静态平衡到周期波动的边界及从周期波动到分岔的边界。这也是学术界的一个研究热点。通过时间序列分析各种状态的瞬态（transients）。而时间序列模型可以通过差分方程（differential equations）来构建，它代表了方程（1-1）所示的递归关系。

$$\begin{cases} x_t = a_0 + a_1 x_{t-1} + a_2 x_{t-2} + \ldots + a_n x_{t-n} \\ y_t = b_0 + b_1 y_{t-1} + b_2 y_{t-2} + \ldots + b_n y_{t-n} \\ z_t = c_0 + c_1 z_{t-1} + c_2 z_{t-2} + \ldots + c_n z_{t-n} \end{cases} \qquad (1\text{-}1)$$

　　方程（1-1）是一个三维差分方程组。然而，当维度增加时，平衡解、周期和分岔研究便不能用数学方法分析。因此，有必要求助于数值模拟（numerical simulations）。

② 热点分析

图 1-4　参考文献的热点关键词

图 1-4 显示了 200 篇论文的热门关键词（注释见表 1-4），它们之间的逻辑关系见图 1-5。

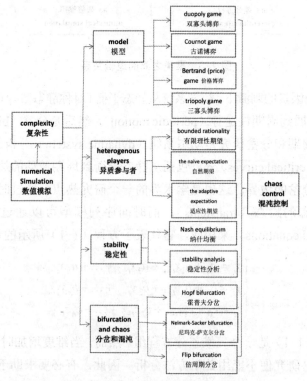

图 1-5　热点关键词之间的逻辑关系

热点关键词之间的关系也反映了复杂经济博弈的研究结构。第一，
"数值模拟"经常被用来研究复杂经济。例如，Lampart 和 Lampartov
（2020）通过数值模拟研究了异质库诺寡头垄断的控制方法。Ma 和
Zhang（2012）通过数值模拟研究了中国保险市场的稳定性、分叉和混
沌。第二，"模型"是研究复杂经济模型的基础。文献中最常见的模型有
"双寡头垄断博弈（duopoly game）""古诺博弈（Cournot game）""贝特
纳德（Bertrand）价格博弈""三寡头垄断博弈（triopoly game）""产出博
弈"等。第三，由于复杂性的原因，模型中的"异质参与者"非常重要，
包括异质期望（Ma and Wu，2014）、目标的变化（Wu and Ma，2014）、
参与者的数量等。第四，"稳定性"研究包括"纳什均衡"及其"稳定性
分析"（即从稳定均衡到不稳定状态的过渡路径）。第五，当系统打破稳
定均衡进入复杂波动时，经济模型会出现周期和分岔。分岔的类型包括
尼玛克-萨克尔分岔（Wu and Ma，2018）、霍普夫（Hopf）分岔（Xin and
Peng，2019）、倍周期（Flip）分岔（Zhou and Li，2021）、间歇性分岔（Wu，
Ma, and Li，2021）等。第六，分岔和混沌意味着随机和不可预测的波动，
因此，混沌控制也是一个热门话题。在下一节中，我们将对图 1-5 中加
粗的热点关键词进行回顾。

（4）相关研究

此部分将对图 1-5 中加粗的热门关键词进行综述。

① 复杂性（complexity）

世界知名的圣塔菲研究所将复杂性研究分为若干学派，并取得了丰
硕的成果（详见 1.3.2）。除此之外，从复杂经济和竞争博弈研究的角度
看，还包括建模研究、差异化的参与者博弈、稳定性、数值模拟、分岔
和混沌、混沌控制等，如图 1-5 所示。接下来，我们将逐一分析这些热
点问题。

② 模型（model）

在这 200 篇文章中，关键词 model 出现了 52 次，如图 1-6 所示。此
外，与 model 同时出现的关键词也被显示出来。字体越大，说明共同出
现的频率越高。

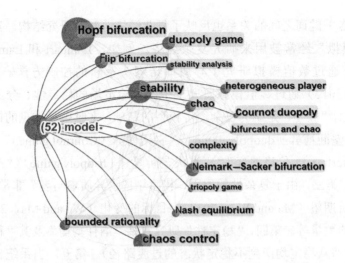

图 1-6　model 及其共现关键词（共现词注释见表 1-4）

从竞争的角度看，model 研究包括双寡头垄断博弈、三寡头垄断博弈、古诺博弈、贝特纳德价格博弈等。在模型结构方面，相当一部分研究使用基于博弈论的差分方程建模，包括离散和连续模型。例如，Xin 等人（2020）构建了一个基于分数阶差分计算（caputo）的离散古诺模型，并讨论了长记忆效应。Ledvina 等人（2011）构建了一个基于差分方程的连续贝特纳德寡头垄断模型，并研究了企业规模和产品可持续性对均衡稳定性和动态特征的影响。Aska（2018）构建了一个基于有限理性的三维离散斯塔克尔伯格（Stackelberg）模型，得到了均衡解，并分析了其周期性和混沌行为。Xin 等人（2020）构建了一个主从关系的贝特纳德模型并分析了其复杂性。Cavalli 等人（2016）构建了一个资源约束下的寡头垄断模型，并研究了系统的多吸引子。Elsadany 等人（2016）研究了异质期望双寡头垄断博弈的复杂性和混沌控制。Si 等人（2018）构建了一个具有多重延迟的三寡头垄断博弈，并分析了消费者购买绿色产品的意愿对复杂性的影响。上述模型均是基于差分方程构建的。

从演化的角度看，一些学者研究了经济模型的动态演化路径，如稳定性、周期性和复杂性波动。对于经济周期，Ma 等人（2016）用分数阶理论研究了宏观经济模型的复杂周期；他还和其他研究者构建了一个具有时间延迟的货币供应量模型，研究了延迟变化对其稳定性、周期性和混乱波动的影响（2013）。对于电力市场，Yang 等人（2013）构建了一个动态模型，分析了电网约束下的市场稳定性和波动性。Wu 等人（2020）研究了农业物联网技术的扩散与农业市场的复杂动态之间的关系。总之，不同经济模型的演化路径在复杂性维度、吸引子、初始值敏感性和分岔类型上都有差异。

③ 差异化的博弈者（heterogeneous player）

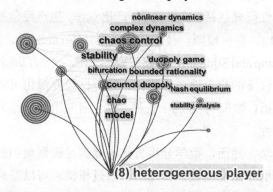

图 1-7 heterogeneous player 及其共现关键词（共现词注释见表 1-4）

在动态模型中，博弈者的异质性是造成系统复杂性的重要原因，在200 篇文章中占 8 篇。从图 1-7 可以看出，heterogeneous player 模型具有典型的复杂特征，如稳定演化（stability evolution）、分岔、混沌（chaos）、混沌控制（chaos control）等。此外，Heterogeneous player 有以下几种情况。一些研究关注博弈参与者的差异化市场期望，最著名的期望是有限理性（bounded rationality）期望，参与者根据最后的信息决定下一个决策。而有限理性期望表现出丰富的动态复杂性特征（Garmani et al., 2020；Zhou et al., 2021；Peng et al., 2020）。此外，还有天真（naive）期望、适应性（adaptive）期望和混合期望。如 Elsadany 等人（2016）研究了由适应性期望企业和自然期望企业组成的博弈模型的复杂特征。Ma 等人（2014）建立了一个具有异质期望：天真期望、适应性期望和有限理性期望的三维垄断多产品模型，并分析其复杂性。从参与者决策顺序的角度，Xiao 等人（2018）研究了斯塔克尔伯格博弈的动态行为，其中参与者按顺序采取策略。从参与者地位的角度，Wu 和 Ma（2018）研究了多产品供应链的复杂动态，其中企业是附生关系，并发现了从稳定到混沌的多种演变路径。

④ 稳定性（stability）

在这 200 篇文献中，"稳定性"共出现 8 次。相关的研究围绕以下三方面展开，如图 1-8 所示。

- 稳定的领域。传统经济学追求的是静态决策下的稳定均衡和最优解。最佳稳定性研究包括：价格竞争、产出竞争、生产经营模型（Sun and Ma，2011）、寡头模型、技术扩散模型（Wu and Ma，2020）、队列模型（Rump and Stidham，1998）等。现在，学者们逐渐关注非线性和不确定性下的稳定性边界演化。稳定性边界演化可以通过数学定理进行分析，如朱利（Jury）条件。以上研究用数学作为工具来分析平衡稳定性。

- 数值模拟法。然而，数学分析方法不能满足模型增加的复杂性。因此，学者们开始使用数值模拟法。通过模拟，可以发展出更高维度和更多的卦限的稳定性和进化分析（Wu and Ma，2018；Xin and Peng，2019；Zhou and Li，2021；Wu and Ma，2021）。

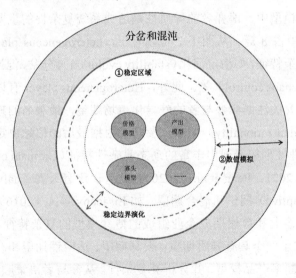

图 1-8   稳定性及其演化分析

⑤ 数值模拟（numerical simulation）

近年来，数值模拟逐渐取代解析方法研究复杂模型。在图 1-9 中，数值模拟被用来分析复杂的动态（dynamics）博弈模型（如双寡头博弈），古诺博弈等。动态是指在高维模型中，在多种影响因素的作用下，稳定性的动态变化。例如，Ma 和 Wu（2014）构建了一个复杂的六维离散动力系统动力学模型，通过数值模拟研究了稳定边界、周期、混沌路径（dynamics）和分岔控制（bifurcation control）变化。Kabir 等人（2019）构建了流行病传播的复杂网络模型，研究了疫苗接种游戏中信息传播对流行病动态的影响。

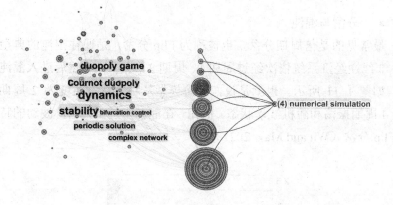

图 1-9　numerical simulation 及其共现关键词（共现词注释见表 1-4）

⑥ 分岔、混沌和控制（bifurcation and chaos）

当非线性经济系统突破稳定的边界时，整个系统就会进入分岔和混沌状态。如图 1-10 的灰色区域所示，它是图 1-3 的一部分。现有的研究将从两个方面进行整理：分岔和混沌，混沌控制。

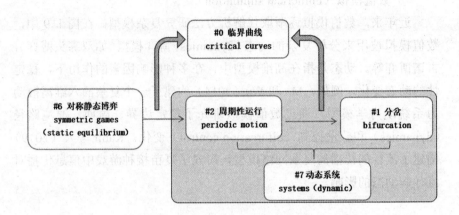

图 1-10　分岔和混沌的演化路径

● 分岔与混沌

最常见的是倍周期分岔，也被称为 Flip 分岔，是通往混沌的典型路径。非线性经济系统依次经过周期 1、周期 2 和周期 4，然后进入混沌状态，如图 1-11 所示。也就是说，经济模型从稳定状态演变为 2 周期振荡、4 周期振荡和随机波动状态。例如，在能源市场上，电价波动的特点是 Flip 分岔（Wu and Ma，2021）。

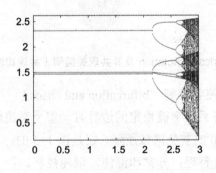

图 1-11　Flip 分岔

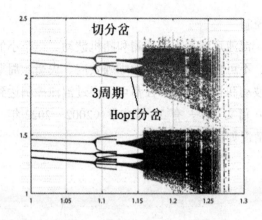

图 1-12　3 周期分岔和间歇混沌

　　另一条通往混沌的路径是 Hopf 分岔，也被称为尼玛克-萨克尔分岔。它不经历周期，直接进入混沌状态。然而分岔并不总是遵循 Flip 或 Hopf 规则，在一些非线性系统中会发生突然的变化，从而导致切分岔，如图 1-12 所示，一个 3 周期分岔变化为 Hopf 分岔，间歇性混沌常常发生在切线分岔上。

　　不同的经济结构会引起不同类型的分岔，这些分岔在表 1-3 中进行总结。

表 1-3　分岔类型

类型	应用领域
霍普夫分岔（Hopf bifurcation）	金融系统（Gao and Ma，2009）
	宏观经济学 ISLM 模型（Ma and Ren，2016）
	货币供应（Ma and Pu，2013）
	延迟、价格博弈（Xin et al.，2019）
	金融风险（Shi et al.，2022）
	保险业（Li et al.，2022）
倍周期分岔（Flip bifurcation）	生产中的半合谋寡头博弈（Zhang et al.，2018）
	考虑到消费者剩余的寡头垄断游戏（Zhou and Li，2021）
	斯塔克伯格博弈（Peng and Lu，2015）
切分岔（Tangential bifurcation）	粘性价格（Wu et al.，2021）

● 混沌控制

在市场中，混沌意味着不可预测和随机波动。一个小的外部干扰可以引发巨大的、不可预测的波动，如蝴蝶效应。失衡、周期、各种类型的分岔、混沌波动和初始值敏感性都可以通过混沌控制达到稳定的平衡状态。在这 200 篇文章中，有 35 篇文章（2002—2022 年）涉及混沌控制，年份分布情况如图 1-13 所示。

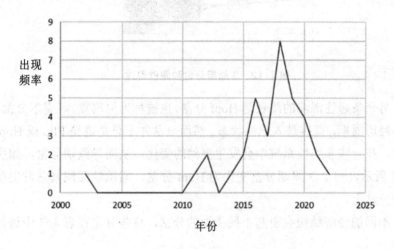

图 1-13　混沌控制的研究年分布

（5）结论

本节基于复杂性理论、博弈论、文献计量学和可视化技术，通过聚类分析和热点关键词，分析了复杂竞争博弈的研究结构和发展方向。未来，更复杂的博弈者预期模式、更高维的多样化的参与者竞争场景、技术的快速发展和更迭、管理场景变革，都是需要学界关注的研究课题。

1.4　研究目标与研究特色

1.4.1　研究目标

本项研究的目标是，从系统角度分析竞争市场复杂风险特征及发生条件，建立复杂风险感知、防范、化解策略。具体研究目标如下：

（1）构建差异化市场预期、柔性制造、交叉持股、委托代理、附生供求、新技术采纳、技术生命周期、能源市场化改革等市场情景模型，为分析国内竞争市场的复杂性风险提供研究基础。

（2）明晰各类市场的稳定性、复杂波动及其演化规律，揭示各类竞争市场中复杂性关键因素、节点和环节，探究稳定市场的演化路径。

（3）提出竞争市场的复杂波动控制策略，防范和化解复杂风险，以确保市场结构平稳变革、相关产品稳定供给。

1.4.2　研究特色

（1）从复杂性视角研究市场风险

从竞争市场内部研究可能发生复杂风险的条件与阈值，早期感知、主动防范和化解"未然"的复杂风险。

（2）研究方法交叉融合

研究将博弈论、应急理论、情报理论、复杂性科学、计算机仿真等方法交叉融合，为国内构建稳定竞争市场提供成果支持。本书基于系统动力学，使用计算机仿真模拟竞争市场的稳定疆域变化及复杂波动特征；从经济学视角分析竞争市场的超级波动及控制方法，是多种方法的交叉融合尝试。

1.5　研究方法、研究内容和研究框架

1.5.1　研究方法

（1）跨学科研究法。本研究跨越管理学、情报学、应急科学、应用经济学、复杂性科学、系统动力学、数据科学等学科，是一项较为典型的学科交叉尝试。

（2）专家访谈和文献归纳。同复杂经济学、系统动力学、应急领域专家共同组成研究组分析最新成果，深入识别和讨论竞争市场的复杂结构、复杂因素等关键问题，为研究方案的制订和具体实施打下基础。

（3）复杂动力学分析。这是研究动态经济系统复杂演化的主要方法，包括分岔图、吸引子、李雅普诺夫（Lyapunov）指数、分形维、初值敏感性分析、信息熵等。本书使用上述技术分析市场的复杂风险特征。

（4）仿真模拟。使用 Matlab、Mathmatic 等工具软件对模型的复杂风险演化路径及整体涌现行为进行仿真模拟。

1.5.2　研究内容

本项研究对如下模型进行了复杂性分析。

（1）多产品价格-产量混合模型。在模型中，两个寡头均生产两种产品且这两种产品呈非对等的地位。根据产品的不同地位，有限理性期望被扩展为一般意义的有限理性和谨慎有限理性。通过数值模拟，得到了系统的分岔图、李雅普诺夫指数、吸引子以及初值敏感性分析图。数值模拟结果证明：此模型是一个新的四维超混沌系统，与普通混沌市场相比，此超混沌市场更加复杂和不确定，不利于企业的决策。最后，使用非线性反馈控制方法对此模型进行控制并且取得了较好的效果。

（2）差异化市场预期三寡头多产品动态模型。在这个模型中，寡头企业分别使用不同的期望策略：静态期望策略、适应性期望策略和有限理性期望策略。每个寡头企业同时生产两种可替代产品，其中一种产品为基本产品，另一种产品在基本产品的基础上改造而来。分析了模型的均衡点及其稳定性。多产品结构，使得三寡头模型维度增加到六维。使用二维（双参数同时变化）和创新性的三维（三参数同时变化）分岔图刻画了此高维系统的复杂特性。实验结果显示：适应性调整参数能够改变市场的稳定性，但仅凭其一己之力不能够导致市场混沌行为的发生；有限理性调整参数能够使整个市场陷入混沌状态；多产品差异化参数的增加能够抑制模型的不稳定性。

（3）交互持股和部分私有化背景下的双寡头多产品动态博弈模型。在这个模型中，存在两个寡头企业，国有企业和私有企业，它们分别生产两种可替代的产品。考虑国有资产保值，国家准许国有企业部分私有化，因此，私有企业可以拥有国有企业中的私有化份额。使用创新性三维分岔图对模型中的众多经济参数进行分析，实验结果表明：对比国有企业和私有企业的产量调整参数对系统复杂性的影响程度，国有企业的产出调整速度对整个市场复杂性的影响更加明显和强烈，其变化可以引发整个系统的混沌行为；较高的多产品替代水平有利于这类混合市场的稳定；较高的国有企业私有化水平能够提高整个市场的稳定性；整个系统对交互持股参数的敏感性与整个系统的复杂程度正相关。

（4）委托代理情境下竞争市场博弈。此部分研究了当所有权和经营权相分离的情况下，双寡头多产品模型的复杂特性。在此模型中，基于有限理性假设，使用相对利润作为职业经理人的激励契约（目标函数）。寡头企业的总成本函数更具一般特性，蕴含产品替代和互补两种情况，函数形式为更加复杂的非线性形式，分析了均衡状态的稳定性。通过数值模拟发现了系统中存在的切分岔和间歇混沌现象，系统中存在着两种通向混沌的间歇道路：经过 Flip 分岔通向混沌的间歇道路；经过蕴含 Hopf 分岔的 Flip 分岔通向混沌的间歇道路。这部分研究进一步扩展了对存在于经济模型中的间歇混沌的认识。

（5）非线性附生供应链多渠道、多产品博弈模型。此项内容分析了模型的均衡点及局部稳定性，分析了模型通往随机混沌之路，给出了混沌市场的控制策略及鲁棒性分析。结果表明：主链企业的产出调整速度对市场的影响要比附生企业大得多。主链企业产出调整速度的提高可能导致主链市场和附生市场的剧烈波动。附生厂家产量调整速度的增加可能会导致附生产品市场的尼玛克-萨克尔分岔，但对主链市场没有影响。适当的混合期望策略可以防止市场波动。

（6）基于技术扩散的竞争博弈模型。以农业物联网技术为例。物联网是智慧农业的核心技术，能够改革和升级传统农业，以降低成本，减少污染，提高生产率和质量。从政府主导和市场经济角度，研究分析了农业新技术的扩散机制和可持续采纳路径。在最初应用阶段，物联网的推广需要政府的支持，建立演化博弈模型，发现增加成本补贴、低质农产品产生的负反馈、政府加强监管产生的正反馈以及化学农业成本可以使模型转向下列策略组合：农民采纳和政府支持。着眼于长期发展，使用指数复制方程构建可持续竞争博弈模型，分析了采纳率、长期利润，在竞争市场中产能共享策略下的均衡转化，发现技术能够获得长期利润优势时，整个市场最终将演变为技术采纳状态。

（7）基于技术生命周期和多信息融合的离散博弈模型。基于快速技术更新和多传感器信息融合，此部分研究了汽车传感器市场的价格波动和政策协同作用。采用差分方程构建传感器混合绑定离散博弈模型，采用摩尔定律描述芯片技术更新趋势。车载传感器的价格波动过程在技术更新规律的驱动下分为四个阶段。①复杂动态：快速的技术更新导致市场周期性或混沌波动，混合期望策略可以抑制复杂的波动。②纳什均衡：当技术更新速度减慢时，系统进入纳什均衡状态。③均衡迁移：迁移状态是从纳什均衡到初始状态的过渡，技术更新速度降为零。④最后阶段，市场价格保持初始值，没有任何动态行为。第一阶段不宜采用创新的激励政策，以避免更大的波动风险，政府应采取稳定的调控策略，如非线性反馈控制方法，最后，从混合期望的角度对市场控制进行解释。政府应该在最后两个阶段鼓励创新和激活市场。

（8）基于粘性价格的双渠道多能源供应模型。本部分研究了粘性信息对竞争者决策的影响及竞争市场表现出的均衡性及复杂特征。粘性信息导致竞争市场行为更加复杂。电能的定价往往具有典型的粘性滞后特征。研究根据当前中国电能供给侧改革现状，构建了双渠道多能源供应链。讨论了竞争市场的多平衡及实际意义。通过分岔图，李雅普诺夫指数研究系统复杂动力学特征和分形维，我们发现了新现象：3 轨道分岔和突变。这意味着价格波动会在 3 个轨道上振荡。研究认为：粘性期望的目的是稳定电价，但最终事与愿违，粘性期望使市场更加不稳定。此部分研究为探索中国电力市场提供了战略参考。

以上为本研究的主要内容。在每个模型构建之前都对模型的经济背景进行了详细的介绍，对每个实验的结果也尽力从经济方面做出了解释，力求于不同的经济环境下，为政府和企业提供决策参考。

1.5.3 研究框架

研究的逻辑框架如图 1-14 所示。

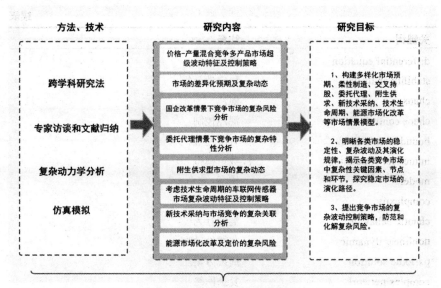

图 1-14　研究结构图

附表：

表 1-4　关键词注释

关键词	注释
duopoly game	双寡头博弈
Cournot duopoly	古诺博弈
triopoly game	三寡头博弈
heterogeneous player	异质化参与者
Bertrand duopoly	贝特纳德双寡头博弈
price game	价格博弈
Hopf bifurcation	霍普夫分岔
Flip bifurcation	倍周期分岔
bifurcation and chaos	分岔和混沌
Neimark-Sacker bifurcation	尼玛克-萨克尔分岔
Nash equilibrium	纳什均衡
stability	稳定性

续表

关键词	注释
differential equation	差分分岔
stability analysis	稳定性分析
chaos	混沌
chaos control	混沌控制
bounded rationality	有限理性
numerical simulation	数值模拟
model	模型
complexity	复杂性
chaotic behavior	混沌行为
nonlinear dynamics	非线性动态
periodic solution	周期方案
complex network	复杂网络

第二章 价格–产量混合竞争多产品市场超级波动特征及控制策略

古诺模型和伯特兰德（Bertrand）模型是两类著名的寡头博弈模型。古诺模型中，寡头控制产品的产出数量从而影响产品的价格；在伯特兰德（Bertrand）模型中，寡头控制产品价格从而影响市场需求；在古诺–伯特兰德（Cournot-Bertrand）即多产品价格–产量混合模型中，寡头分别以价格和产量为决策变量进行竞争。近年来，一部分学者开始关注 Cournot-Bertrand 混合模型，Bylka 与 Komar（1976）、Singh 与 Vives（1984）是较早开始关注 Cournot-Bertrand 混合模型的学者。Hackner（2000）、Zanchettin（2006）、Arya 等人（2008）认为在某些经济环境下，Cournot-Bertrand 混合是最优化的竞争。Tremblay 等人（2011）分析了产品差异化程度对 Cournot-Bertrand 混合模型纳什均衡解的影响。Naimzada 与 Tramontana（2012）使用线性差分方程构造了 Cournot-Bertrand 混合模型，并研究了动态参数对均衡稳定性的影响。Wang 与 Ma（2013）在不同角度使用不同工具分析了 Cournot-Bertrand 混合模型的复杂动力学特征。以上文献均限于对寡头生产一种产品的情况进行研究，并且企业采取单一的竞争策略。

谭德庆和王朋（2005）构建了两产品 Cournot-Bertrand 混合多维博弈模型并对其均衡解进行了分析。Xiang 与 Cao（2012）构建了不完全信息下两产品 Cournot-Bertrand 模型，并对其均衡解进行了研究。但这些研究只限于静态博弈。

另外在已有研究中，模型中的企业大多以利润最大化为目标。但是，在实际的经济活动中，利润最大化的目标并不是一成不变的，例如，当所有权和管理权分离时，企业管理者往往以自身利益最大化为目标；或者在政府调控决策或企业特殊时期特殊策略的情况下，利润最大化的目标都会被调整。

本章构建了两产品 Cournot-Bertrand 混合动态模型，研究了模型的纳什均衡状态及其稳定性，分析了模型的复杂动力学特征。本研究将多产品结构引入到 Cournot-Bertrand 模型，将静态双产品模型扩展为动态模型。本章主要创新有：将多产品结构引入到 Cournot-Bertrand 混合市场模型；根据企业产品的不同地位，采用保护主导产品的策略，对企业利润最大化的目标进行了调整，将有限理性策略扩展为一般意义的有限理性期望和谨慎的有限理性期望；分析了市场中由地位不对等的多产品结构引发的超混沌行为。本章为研究不对等地位下多产品 Cournot-Bertrand 混合市场动态特征提供相关参考，具有理论和现实意义。

2.1　多产品价格–产量混合竞争模型背景与假设

本章假设两个寡头企业均生产两种产品：主导产品与非主导产品。主导产品体现企业的核心价值与核心竞争力，在市场上处于主导地位，企业首先考虑主导产品的利润最大化。也就是，寡头企业采取保护主导产品利润最大化的策略，选择牺牲一部分非主导产品的利润以保证主导产品利润最大化，目的是让企业获取更加长远的利润，赢得竞争市场的长期优势。

假设市场上存在两个寡头企业，企业 1 与企业 2，同时生产和销售两种可替代的产品：非主导产品与主导产品。非主导产品以产量为决策变量，主导产品以价格为决策变量。

企业 1 中主导产品的产出与价格分别为 q_{12} 与 p_{12}，企业 1 非主导产品的产出为 q_{11}。企业 2 主导产品的产出和价格分别为 q_{22} 与 p_{22}，企业 2 非主导产品的产出为 q_{21}。市场上，非主导产品的价格为 p_1。d 为竞争者的价格对企业产品需求量的影响系数。非主导产品的价格对企业 1、企业 2 的主导产品需求的影响系数分别为 f_1 与 f_2。e 表示非主导产品与主导产品之间的替代水平。

在 t 期，两个企业主导产品的产出函数分别为：

$$\begin{cases} q_{12} = a - p_{12} + dp_{22} + f_1 p_1, \\ q_{22} = b - p_{22} + dp_{12} + f_2 p_1, \\ a, b, d, f_1, f_2 > 0. \end{cases} \quad (2\text{-}1)$$

非主导产品的价格函数为：

$$p_1 = m - n[(q_{11} + q_{21}) + e(q_{12} + q_{22})], m, n > 0. \quad (2\text{-}2)$$

通过方程（2-1）与（2-2），可以得到（2-3）：

$$p_1 = (m - nq_{11} - nq_{21} - nea + nep_{12} - nedp_{22} - neb + nep_{22} - nedp_{12})$$
$$\frac{1}{1 + nef_2 + nef}.$$

$$(2\text{-}3)$$

企业 1 非主导产品与主导产品的成本分别为 $c_{11}q_{11}$ 与 $c_{12}q_{12}$。企业 2 非主导产品与主导产品的成本分别为 $c_{21}q_{21}$ 与 $c_{22}q_{22}$。两个寡头企业的利润如方程（2-4）所示：

$$\begin{cases} \Pi_1 = (p_1 - c_{11})q_{11} + (p_{12} - c_{12})q_{12}, \\ \Pi_2 = (p_1 - c_{21})q_{21} + (p_{22} - c_{22})q_{22}, \end{cases} \quad (2\text{-}4)$$

详细的利润表达式如方程（2-5）所示：

$$\begin{cases} \Pi_1 = [a - p_{12} + dp_{22} + (m - nq_{11} - nq_{21} - nea + nep_{12} - nedp_{22} - neb + nep_{22} \\ \qquad - nedp_{12}) \dfrac{f_1}{1 + nef_2 + nef_1}](p_{12} - c_{12}) + [(m - nq_{11} - nq_{21} - nea + nep_{12} - nedp_{22} \\ \qquad - neb + nep_{22} - nedp_{12}) \dfrac{1}{1 + nef_2 + nef_1} - c_{11}]q_{11}, \\[2mm] \Pi_2 = [b - p_{22} + dp_{12} + (m - nq_{11} - nq_{21} - nea + nep_{12} - nedp_{22} - neb + nep_{22} \\ \qquad - nedp_{12}) \dfrac{f_2}{1 + nef_2 + nef_1}](p_{22} - c_{22}) + [(m - nq_{11} - nq_{21} - nea + nep_{12} - nedp_{22} \\ \qquad - neb + nep_{22} - nedp_{12}) \dfrac{1}{1 + nef_2 + nef_1} - c_{21}]q_{21}. \end{cases}$$

$$(2\text{-}5)$$

2.2　多产品价格–产量混合竞争模型的构建

在市场上，主导产品处于主导地位，两个企业均采取保护主导产品的基本策略。

2.2.1　主导产品

主导产品在进行决策时，使用有限理性期望策略。有限理性是一种基于边际利润的期望策略，即当边际利润为正（负）时，企业将增加（减少）下一期的价格。企业 1 与企业 2 主导产品的边际利润分别为 $\dfrac{\partial \Pi_1}{\partial p_{12}}$ 与 $\dfrac{\partial \Pi_2}{\partial p_{22}}$，其方程如（2-6）所示：

$$
\begin{cases}
\begin{aligned}
\dfrac{\partial \Pi_1}{\partial p_{12}} ={} & \dfrac{(ne-ned)q_{11}}{1+nef_2+nef_1} + a - p_{12} + dp_{22} + (p_{12}-c_{12})(-1+\dfrac{f_1(ne-ned)}{1+nef_2+nef_1}) \\
& + (m - nq_{11} - nq_{21} - nea + nep_{12} - nedp_{22} - neb + nep_{22} - nedp_{12}) \\
& \dfrac{f_1}{1+nef_2+nef_1},
\end{aligned} \\[2em]
\begin{aligned}
\dfrac{\partial \Pi_2}{\partial p_{22}} ={} & \dfrac{(ne-ned)q_{21}}{1+nef_2+nef_1} + b - p_{22} + dp_{12} + (p_{22}-c_{22})(-1+\dfrac{f_2(ne-ned)}{1+nef_2+nef_1}) \\
& + (m - nq_{11} - nq_{21} - nea + nep_{12} - nedp_{22} - neb + nep_{22} - nedp_{12}) \\
& \dfrac{f_2}{1+nef_2+nef_1}.
\end{aligned}
\end{cases}
$$

$$(2\text{-}6)$$

2.2.2　非主导产品

企业 1 与企业 2 的非主导产品的边际利润分别为 $\dfrac{\partial \Pi_1}{\partial q_{11}}$ 与 $\dfrac{\partial \Pi_2}{\partial q_{21}}$，如（2-7）所示：

$$
\begin{cases}
\dfrac{\partial \Pi_1}{\partial q_{11}} = \dfrac{-nq_{11}}{1+nef_2+nef_1} - c_{11} - \dfrac{f_1 n(p_{12}-c_{12})}{1+nef_2+nef_1} + (m - nq_{11} - nq_{21} - nea + nep_{12} \\
\qquad\qquad - nedp_{22} - neb + nep_{22} - nedp_{12})\dfrac{1}{1+nef_2+nef_1}, \\[3mm]
\dfrac{\partial \Pi_2}{\partial q_{21}} = \dfrac{-nq_{21}}{1+nef_2+nef_1} - c_{21} - \dfrac{f_2 n(p_{22}-c_{22})}{1+nef_2+nef_1} + (m - nq_{11} - nq_{21} - nea + nep_{12} \\
\qquad\qquad - nedp_{22} - neb + nep_{22} - nedp_{12})\dfrac{1}{1+nef_2+nef_1}.
\end{cases}
$$

$$(2\text{-}7)$$

在经济学中，二阶混合导数具有重要的现实意义：它意味着由一种产品的变化带来的对另外一种产品边际利润的影响。例如，两个企业中，由非主导产品产出变化带来的对主导产品边际利润的影响分别为 $\dfrac{\partial \Pi_1^2}{\partial p_{12}\partial q_{11}}$ 与 $\dfrac{\partial \Pi_2^2}{\partial p_{22}\partial q_{21}}$，相关方程如（2-8）所示：

$$
\begin{cases}
\dfrac{\partial \Pi_1^2}{\partial p_{12}\partial q_{11}} = (m - nq_{11} - nq_{21} - nea + nep_{12} - nedp_{22} - neb + nep_{22} - nedp_{12}) \\[3mm]
\qquad \dfrac{1}{1+nef_2+nef_1} + \dfrac{-nq_{11}}{1+nef_2+nef_1} - c_{11} - \dfrac{nf_1(p_{12}-c_{12})}{1+nef_2+nef_1}, \\[3mm]
\dfrac{\partial \Pi_2^2}{\partial p_{22}\partial q_{21}} = (m - nq_{11} - nq_{21} - nea + nep_{12} - nedp_{22} - neb + nep_{22} - nedp_{12}) \\[3mm]
\qquad \dfrac{1}{1+nef_2+nef_1} + \dfrac{-nq_{21}}{1+nef_2+nef_1} - c_{21} - \dfrac{nf_2(p_{22}-c_{22})}{1+nef_2+nef_1}.
\end{cases}
$$

$$(2\text{-}8)$$

2.2.3　模型的动态方程

经过上述分析，可以得到模型的动态方程如（2-9）所示：

$$
\begin{cases}
q_{11}(t+1) = q_{11}(t) + \alpha q_{11}(t)\dfrac{\partial \Pi_1}{\partial q_{11}(t)}\dfrac{\partial \Pi_1^2}{\partial p_{12}(t)\partial q_{11}(t)} & (2.9.1) \\[3mm]
p_{12}(t+1) = p_{12}(t) + \beta p_{12}(t)\dfrac{\partial \Pi_1}{\partial p_{12}(t)} & (2.9.2) \\[3mm]
q_{21}(t+1) = q_{21}(t) + \varepsilon q_{21}(t)\dfrac{\partial \Pi_2}{\partial q_{21}(t)}\dfrac{\partial \Pi_2^2}{\partial p_{22}(t)\partial q_{21}(t)} & (2.9.3) \\[3mm]
p_{22}(t+1) = p_{22}(t) + \gamma p_{22}(t)\dfrac{\partial \Pi_2}{\partial p_{22}(t)} & (2.9.4)
\end{cases}
\qquad (2\text{-}9)
$$

模型中，两个企业均采用保护主导产品的策略，因此价格决策主导产量决策。下面将对（2-9）进行更深入的解释：

（1）对于主导产品来说，企业根据上一期的边际利润调整下一期的价格，如方程（2-9）中的（2.9.2）与（2.9.4）所描述。如果边际利润为正（负），企业将提高（降低）主导产品下一期的价格。这种策略被称为有限理性期望。

（2）对于非主导产品来说，由于其辅助地位，企业对非主导产品的产量调整更加谨慎，在本章中，称之为"谨慎有限理性"策略。方程（2-9）中（2.9.1）与（2.9.3）蕴含的经济意义为：谨慎有限理性企业的决策依据不仅仅是上一期非主导产品的边际利润的变化，而且还要根据非主导产品产量变化对主导产品边际利润的影响进行决策。

进一步解释上面的内容：只有当非主导产品的边际利润为正（企业1中 $\dfrac{\partial \Pi_1}{\partial q_{11}(t)} > 0$，企业 2 中 $\dfrac{\partial \Pi_2}{\partial q_{21}(t)} > 0$），并且由非主导产品产出调整带来的对主导产品边际利润的影响也为正的时候（企业1中 $\dfrac{\partial \Pi_1^2}{\partial p_{12}(t)\partial q_{11}(t)} > 0$，企业 2 中 $\dfrac{\partial \Pi_2^2}{\partial p_{22}(t)\partial q_{21}(t)} > 0$），下一期非主导产品的产出才会增加。即如果 $\dfrac{\partial \Pi_1}{\partial q_{11}(t)}\dfrac{\partial \Pi_1^2}{\partial p_{12}(t)\partial q_{11}(t)}$（企业 2 中 $\dfrac{\partial \Pi_2}{\partial q_{21}(t)}\dfrac{\partial \Pi_2^2}{\partial p_{22}(t)\partial q_{21}(t)}$）为正（负），下一期的产出将会增加（减少）。

需要着重说明的是：Matlab 编程中，使用软件技术已经排除

$$\frac{\partial \Pi_1}{\partial q_{11}(t)} < 0 \text{ 且 } \frac{\partial \Pi_1^2}{\partial p_{12}(t)\partial q_{11}(t)} < 0 \text{（企业 2 中为 } \frac{\partial \Pi_2}{\partial q_{21}(t)} < 0 \text{ 且 } \frac{\partial \Pi_2^2}{\partial p_{22}(t)\partial q_{21}(t)} < 0 \text{）}$$

的情形。

综上所述，两个寡头企业均生产两种产品：核心产品和非核心产品。对核心产品使用基于有限理性期望的价格决策，对非核心产品使用基于谨慎有限理性的产量决策。

整个动态模型的代数表达如方程（2-10）所示：

$$
\begin{cases}
q_{11}(t+1) = q_{11}(t) + \alpha q_{11}(t)\Big\{\Big[\dfrac{-nq_{11}(t)}{1+nef_2+nef_1} - \dfrac{f_1 n(p_{12}-c_{12})}{1+nef_2+nef_1} + (m - nq_{11}(t) \\
\qquad - nq_{21}(t) - nea + nep_{12}(t) - nedp_{22}(t) - neb + nep_{22}(t) - nedp_{12}(t)) \\
\qquad \dfrac{1}{1+nef_2+nef_1} - c_{11}\Big]^2\Big\}, \\[2mm]
p_{12}(t+1) = p_{12}(t) + \beta p_{12}(t)\Big[\dfrac{(ne-ned)q_{11}(t)}{1+nef_2+nef_1} + (p_{12}(t)-c_{12})(-1 + \dfrac{f_1(ne-ned)}{1+nef_2+nef_1}) \\
\qquad + a - p_{12}(t) + dp_{22}(t) + (m - nq_{11}(t) - nq_{21}(t) - nea + nep_{12}(t) - nedp_{22}(t) \\
\qquad - neb + nep_{22}(t) - nedp_{12}(t))\dfrac{f_1}{1+nef_2+nef_1}\Big], \\[2mm]
q_{21}(t+1) = q_{21}(t) + \varepsilon q_{21}(t)\Big\{\Big[\dfrac{-nq_{21}(t)}{1+nef_2+nef_1} - \dfrac{f_2 n(p_{22}-c_{22})}{1+nef_2+nef_1} + (m - nq_{11}(t) \\
\qquad - nq_{21}(t) - nea + nep_{12}(t) - nedp_{22}(t) - neb + nep_{22}(t) - nedp_{12}(t)) \\
\qquad \dfrac{1}{1+nef_2+nef_1} - c_{21}\Big]^2\Big\}, \\[2mm]
p_{22}(t+1) = p_{22}(t) + \gamma p_{22}(t)\Big[\dfrac{(ne-ned)q_{21}(t)}{1+nef_2+nef_1} + (p_{22}(t)-c_{22})(-1 + \dfrac{f_2(ne-ned)}{1+nef_2+nef_1}) \\
\qquad + b - p_{22}(t) + dp_{12}(t) + (m - nq_{11}(t) - nq_{21}(t) - nea + nep_{12}(t) - nedp_{22}(t) \\
\qquad - neb + nep_{22}(t) - nedp_{12}(t))\dfrac{f_2}{1+nef_2+nef_1}\Big].
\end{cases}
$$

$$（2\text{-}10）$$

2.3　数值模拟

对于高维非线性动态系统来说，数值模拟是一种有效的分析系统复杂特性的方法。本节将使用分岔图、李雅普诺夫指数、混沌吸引子和时间序列图来分析系统（2-10）的复杂动态特征。一般来说，对于两个寡头企业，产出和价格调整参数是可变的，其他参数是固定的，因此，可对这些固定参数进行赋值：

$c_{11} = 0.5, c_{12} = 0.3, c_{21} = 0.4, c_{22} = 0.25, d = 0.8,\ f_1 = 0.1, a = 2,\ b = 2, e = 0.85$。

2.3.1　分岔行为

分岔图能够充分体现出系统随某一参数变化展现出的动态过程。图2-1描述了价格调整参数 β 增加导致的系统由稳定状态演化到不稳定状态的过程。主导产品的价格处于稳定状态，接着经历 Flip 分岔；然后，在二周期处进入 Hopf 分岔。这个过程被称为 Flip-Hopf 分岔。

非主导产品的产出展现了特殊的动态现象：首先，产出是一条水平线，两个企业的产量均处于稳定状态；随着参数 β 的增加，非主导产品的产出进入不稳定状态，水平产出线演变成众多产出波浪线且相互叠加在一起的状态，这时产出进入复杂的波动状态，我们称之为波形混沌。这种波形混沌通常出现于非线性电气学理论中。图2-2为图2-1中波形混沌的局部放大图。

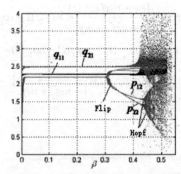

图 2-1　当 $\alpha = 0.2, \varepsilon = 0.2, \gamma = 0.35$ 时 Flip-Hopf 分岔及波形混沌

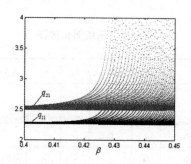

图 2-2　图 2-1 中波形混沌的局部放大图

2.3.2　超混沌特性

如果一个混沌系统具有至少两个正的李雅普诺夫指数，那么此系统被称为超混沌系统。超混沌系统具有更加复杂的动态特征。设系统（2-10）的李雅普诺夫指数分别为 $\lambda_1, \lambda_2, \lambda_3, \lambda_4$，下面使用李雅普诺夫指数变化趋势来描述系统的稳定性：

（1）当 $\lambda_1 = 0$，λ_2、λ_3、$\lambda_4 < 0$，系统处于周期轨道；

（2）当 $\lambda_1 > 0$，$\lambda_2 = 0$，λ_3、$\lambda_4 < 0$，系统处于混沌状态，具有混沌吸引子；

（3）当 λ_1、$\lambda_2 > 0$，系统处于超混沌状态，具有超混沌吸引子。

图 2-3 描述了随参数 β 增加对应的系统李雅普诺夫指数变化。表 2-1 归纳了系统的动态演化过程。

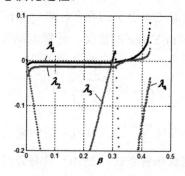

图 2-3　随参数 β 变化系统的李雅普诺夫指数

表 2-1　系统演化过程

β	λ_1	λ_2	λ_3	λ_4	系统状态（system state）
$0 < \beta \leqslant 0.2981$	−	−	−	−	固定点、均衡点 （fixed points）
$0.2981 < \beta \leqslant 0.3096$	+	0	−	−	混沌（chaotic）
$0.3096 < \beta \leqslant 0.3426$	0	−	−	−	周期轨道（periodic orbits）
$0.3426 < \beta \leqslant 0.3626$	+	0	−	−	混沌（chaotic）
$0.3626 < \beta \leqslant 0.43$	+	+	−	−	超级混沌（hyperchaotic）

2.3.3　系统的超混沌吸引子

当前，越来越多的学者开始关注新型混沌系统和新型超混沌吸引子研究。在这一部分，我们将深入分析系统的超混沌吸引子。

当一个混沌吸引子具备两个或者两个以上的李雅普诺夫指数时，我们称之为超混沌吸引子。当系统（2-10）的 4 个李雅普诺夫指数分别为 $(\lambda_1, \lambda_2, \lambda_3, \lambda_4) = (0.8943, 0.7691, -0.0005, -0.0154)$ 时，系统具有超混沌吸引子，图 2-4 于不同角度展示了系统此时的超混沌吸引子。

此时的超混沌吸引子向两个方向扩展，其结构比普通的混沌吸引子更加稠密。当市场处于超混沌状态时，波动随机性更强，更加难以预测，猛烈波动的市场环境不利于企业的规划和发展。

另外，模型中超混沌吸引子的存在，再一次证实了波形混沌的存在性。下面，根据 Kaplan-Yorke 的定义，计算混沌吸引子的分形维。

$$D = M + \frac{\sum_{i=1}^{M} \lambda_i}{|\lambda_{M+1}|} > 4 \qquad (2\text{-}11)$$

M 为当 $\sum_{i=1}^{M} \lambda_i > 0$ 且 $\sum_{i=1}^{M+1} \lambda_i < 0$ 成立时的最大整数。经简单计算后发现，D 大于 4，这意味着系统（2-10）具有分形结构，且其空间结构较大且稠密，如图 2-4 所示。

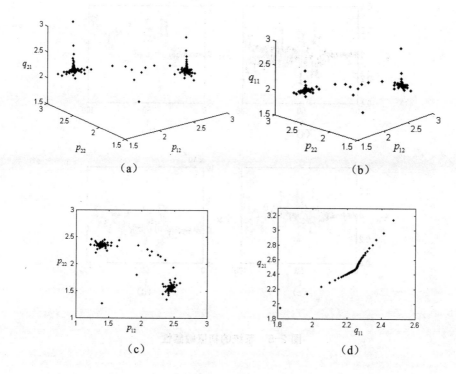

图 2-4　当 $(\lambda_1, \lambda_2, \lambda_3, \lambda_4) = (0.8943, 0.7691, -0.0005, -0.0154)$、$\beta = 0.4341$ 时，
系统的超混沌吸引子

2.3.4　初始状态敏感性

　　蝴蝶效应，即初值敏感性是混沌系统的重要特征之一，系统初值的微小改变能够引起最终系统的巨大变化，图 2-5 描述了模型的这一特性。

　　两个初始值分别为 $(0.8, 0.8, 0.8)$ 与 $(0.8 + \Delta x, 0.8, 0.8)$，$\Delta x = 0.001$。初值差别非常微小。随着博弈次数的增加，差别变得越来越明显。

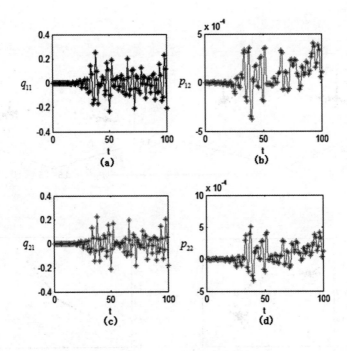

图 2-5 系统的初值敏感性

2.4 复杂波动控制

经过以上的数值模拟及其分析，我们发现此动态模型具有比普通混沌系统更加复杂的动态行为，这将不利于企业的规划、预测和发展。混沌控制方法能够使复杂动态系统由不稳定状态回归于稳定状态。非线性反馈控制方法是一种简单而有效的混沌控制方法且在实践中被广泛应用。施加控制之后的模型如（2-12）所描述：

$$\begin{cases} q_{11}(t+k) = (1-\rho)A^k[q_{11}(t), p_{12}(t), q_{21}(t), p_{22}(t)] + \rho q_{11}(t), \\ p_{12}(t+k) = (1-\rho)B^k[q_{11}(t), p_{12}(t), q_{21}(t), p_{22}(t)] + \rho p_{12}(t), \\ q_{21}(t+k) = (1-\rho)C^k[q_{11}(t), p_{12}(t), q_{21}(t), p_{22}(t)] + \rho q_{21}(t), \\ p_{22}(t+k) = (1-\rho)D^k[q_{11}(t), p_{12}(t), q_{21}(t), p_{22}(t)] + \rho p_{22}(t). \end{cases} \quad (2\text{-}12)$$

（2-12）中，ρ 为控制参数，使 $k=1$，控制系统如（2-13）所示：

$$\begin{cases}
q_{11}(t+1)=(1-\rho)[q_{11}(t)+\alpha q_{11}(t)\dfrac{\partial \Pi_1}{\partial q_{11}(t)}\dfrac{\partial \Pi_1^2}{\partial p_{12}(t)\partial q_{11}(t)}]+\rho q_{11}(t), \\[2mm]
p_{12}(t+1)=(1-\rho)[p_{12}(t)+\beta p_{12}(t)\dfrac{\partial \Pi_1}{\partial p_{12}(t)}]+\rho p_{12}(t), \\[2mm]
q_{21}(t+1)=(1-\rho)[q_{21}(t)+\varepsilon q_{21}(t)\dfrac{\partial \Pi_2}{\partial q_{21}(t)}\dfrac{\partial \Pi_2^2}{\partial p_{22}(t)\partial q_{21}(t)}]+\rho q_{21}(t), \\[2mm]
p_{22}(t+1)=(1-\rho)[p_{22}(t)+\gamma p_{22}(t)\dfrac{\partial \Pi_2}{\partial p_{22}(t)}]+\rho p_{22}(t).
\end{cases} \qquad (2\text{-}13)$$

观察图 2-6（a）发现，当控制参数 $\rho > 0.26$，系统被控制到纳什均衡状态。比较图 2-1 与 2-6（b）发现，经过控制之后，市场的混沌行为被消除。实验证明，非线性反馈控制方法适合于控制此类超混沌系统并能取得较好的效果。

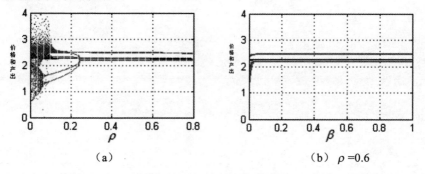

（a） （b） $\rho = 0.6$

图 2-6 控制后系统分岔图

2.5 本章小结

本章构建了一个多产品产量-价格混合双寡头模型。通过数值模拟分析了模型的分岔行为、李雅普诺夫指数变化、超混沌吸引子及其系统的初值敏感性。最后，使用非线性反馈控制方法将超混沌市场控制到稳定的纳什均衡状态。通过以上研究，能够得到以下结论：

（1）实验证明此类不对等地位多产品产量-价格动态模型是一类新的超混沌系统，系统中存在 Flip-Hopf 分岔和波形混沌现象。这类超混沌市场比普通的混沌市场更加难以预测，在猛烈的市场波动中，企业将很难适应市场的变化。

（2）在本章，由于不对等地位多产品结构的引入，有限理性期望被扩展为一般意义的有限理性期望和谨慎有限理性期望。

（3）使用非线性反馈控制方法能够将这类超混沌系统控制到均衡稳定状态。

第三章 市场的差异化预期及复杂动态

在经济实践中，众多企业通常同时生产多种产品而非单一产品。生产多产品的重要原因之一是范围经济效应。当同时生产多种产品的费用低于分别单独生产这些产品所需成本之和时，这种情形被称为范围经济，即合并生产的成本低于分别生产成本之和。例如，肯德基同时生产汉堡和鸡肉卷，其总成本低于不同的快餐企业分别生产这两种食品的成本之和。这是因为，快餐企业在生产这两种产品的过程中，能够共享食物运输、存储、制作等设备，从而降低了平均成本。在范围经济的前提之下，多产品企业不但能够获得较高的利润（得益于较低的平均成本），还能够满足消费者的多样化需求、规避风险和阻止新来竞争者的进入。

在生产实践中，经常遇到这种情况：企业拥有一个通用的、成熟的产品平台，针对细分市场中不同客户的需求，添加不同个性模块，以较低成本和快速开发来满足不同顾客的个性化和多样化需求，在这种情形下生产的系列产品，被称为产品族。通用、成熟、稳定的产品平台是产品族的基础，它具有产品族内部所有产品的共同特征。

企业通常通过柔性制造技术生产产品族，从而体现范围经济，也就是使用柔性制造技术，中小批量地生产一定范围的差异化产品。柔性制造的特征主要包括：机器柔性，工艺柔性，生产能力柔性，维护柔性，扩展柔性。丰田（Toyota）这样描述柔性制造：使用通用的生产过程小批量地生产多种不同型号的汽车。

多寡头竞争格局是经济中存在的一类重要经济现象，如通信行业的中国联通、中国移动和中国电信，石油行业的中国石油、中国海油和中国石化，等等。在多寡头竞争博弈中，寡头可以使用不同的期望策略进行竞争，主要有：天真期望（naive expectation，也被称为静态期望）、适应性期望（adaptive expectation）和有限理性期望（bounded rationality expectation）。

天真期望是指企业简单地延续上一期的产量或者价格，不做动态变化。适应性期望是指企业利用过去的预期、过去和实际之间的差距来矫正下一期的产量或者价格。有限理性期望指的是企业以上一期边际利润为标准来调整下一期的产量或价格，也被称为"近视"的预期策略。

近来，有一部分学者对不同期望的寡头动态博弈进行了研究（Ma and Zhang，2012；Wu and Ma，2018），分析了不同的期望参数对系统复杂特性的影响。但是，在以往的研究中，几乎均为寡头生产一种产品的情况，在已有异质期望寡头动态模型中，几乎没有关于多产品寡头结构的研究。

本章构建了一个多产品异质三寡头动态博弈模型，模型使用柔性制造技术生产产品族，从而体现范围经济。多产品结构的引入会使模型的维度成倍增加，从而加大了系统的分析难度。对于这一难题，使用创新性的三维（三参数同时变化）分岔图来描述高维模型的复杂特性，最后分析和总结了不同期望参数对系统复杂特性的影响。

3.1　多产品异质竞争模型相关假设与变量的命名

3 个寡头企业 1、2、3，使用不同的期望策略决定它们每一期的产量。企业 1 使用天真期望策略，企业 2 使用适应性期望策略，企业 3 使用有限理性期望策略。

假设每个寡头企业生产 N 种产品。每个寡头均使用柔性制造技术构造一种基本产品平台。由基本平台生产的基本产品需要的成本包括用于产品开发的沉没成本和边际成本。改造基本产品的生产过程（即基本产品平台）能够使企业生产出具有差异化的其他产品，比如，可以通过添加不同的生产模块生产差异化的产品。这种扩展需要扩展成本，并且扩展成本的高低与新产品与基本产品之间的差异化水平成正比。

市场上，不同企业生产的同种产品是完全替代的，不同的产品种类之间是不完全替代的。

在构建多产品三寡头模型之前，对模型用到的变量进行命名。

$$p_i = l_i - (q_{1i} + q_{2i} + q_{3i}) - \sum_{j=1, j \neq i}^{N} d_{ij}(q_{1j} + q_{2j} + q_{3j}). \qquad (3-1)$$

（3-1）中，$l_i > 0$；$i, j \in \{1, 2, ..., N\}$。基本产品为产品 i，它的价格为 p_i。q_{ki} 为企业 k 生产产品 i 的产量，q_{kj} 为企业 k 生产产品 j 的产量，$k = 1, 2, 3$。d_{ij} 为产品 i 和 j 的替代水平，$d_{ij} \in (0, 1)$，$1 - d_{ij}$ 为产品 i 和 j 的差异化水平。

$$C_k(q_k, d_{ij}) = K_k + (N-1)S_k + \sum_{j=1, j \neq i}^{N} \{q_i c_k + [c_k + r_k(1 - d_{ij})]q_j\}. \qquad (3-2)$$

$C_k(q_k, d_{ij})$ 为寡头企业 k 的总成本（Eaton and Schmitt，1994；Chisholma and Norman，2012）。参数 K_k，S_k，c_k，r_k 均为非负。K_k 为企业 k 开发基本产品 i 的成本；S_k 为扩展基本生产过程的扩展成本；c_k 为生产一单位基本产品 i 的边际成本；$[c_k + r_k(1 - d_{ij})]q_j$ 为生产一单位 j 产品的边际成本，其中 $r_k(1 - d_{ij})q_j$ 为这种扩展引起的增量成本。产品 j 与基本产品 i 之间的差异化水平越大，这种增量成本就越大。

寡头企业 k 的利润为：

$$\Pi_k = \sum_{i=1}^{N} p_i q_{ki} - C_k. \qquad (3-3)$$

3.2　多产品异质竞争模型的建立

为了便于研究，假设每个寡头企业生产 a 和 b 两种产品。根据（3-1）可知产品 a 和 b 的价格分别为：

$$\begin{cases} p_a = l_1 - (q_{1a} + q_{2a} + q_{3a}) - d(q_{1b} + q_{2b} + q_{3b}), \\ p_b = l_2 - (q_{1b} + q_{2b} + q_{3b}) - d(q_{1a} + q_{2a} + q_{3a}), \end{cases} \qquad (3-4)$$

d 为 a 和 b 两种产品之间的替代水平。

3 个企业的总成本分别为：

$$\begin{cases} C_1 = k_1 + s_1 + \{q_{1a}c_1 + q_{1b}[c_1 + r_1(1-d)]\}, \\ C_2 = k_2 + s_2 + \{q_{2a}c_2 + q_{2b}[c_2 + r_2(1-d)]\}, \\ C_3 = k_3 + s_3 + \{q_{3a}c_3 + q_{3b}[c_3 + r_3(1-d)]\}. \end{cases} \tag{3-5}$$

3 个寡头企业的利润分别为：

$$\begin{cases} \Pi_1 = p_a q_{1a} + p_b q_{1b} - C_1, \\ \Pi_2 = p_a q_{2a} + p_b q_{2b} - C_2, \\ \Pi_3 = p_a q_{3a} + p_b q_{3b} - C_3. \end{cases} \tag{3-6}$$

在三寡头博弈中，3 个企业均以利润最大化为目标。因此，求利润的偏导数并且使之为零：

$$\frac{\partial \Pi_k}{\partial q_{ki}} = 0. \; k = 1,2,3; \; i = a,b \tag{3-7}$$

即：

$$\frac{\partial \Pi_1}{\partial q_{1a}} = -2q_{1a} + l_1 - q_{2a} - q_{3a} - d(q_{1b} + q_{2b} + q_{3b}) - dq_{1b} - c_1 = 0,$$

$$\frac{\partial \Pi_1}{\partial q_{1b}} = -dq_{1a} - 2q_{1b} + l_2 - q_{2b} - q_{3b} - d(q_{1a} + q_{2a} + q_{3a}) - c_1 - r_1(1-d) = 0,$$

$$\frac{\partial \Pi_2}{\partial q_{2a}} = -2q_{2a} + l_1 - q_{1a} - q_{3a} - d(q_{1b} + q_{2b} + q_{3b}) - dq_{2b} - c_2 = 0,$$

$$\frac{\partial \Pi_2}{\partial q_{2b}} = -dq_{2a} - 2q_{2b} + l_2 - q_{1b} - q_{3b} - d(q_{1a} + q_{2a} + q_{3a}) - c_2 - r_2(1-d) = 0,$$

$$\frac{\partial \Pi_3}{\partial q_{3a}} = -2q_{3a} + l_1 - q_{1a} - q_{2a} - d(q_{1b} + q_{2b} + q_{3b}) - dq_{3b} - c_3 = 0,$$

$$\frac{\partial \Pi_3}{\partial q_{3b}} = -dq_{3a} - 2q_{3b} + l_2 - q_{1b} - q_{2b} - d(q_{1a} + q_{2a} + q_{3a}) - c_3 - r_3(1-d) = 0.$$

$$\tag{3-8}$$

通过计算（3-8），可以得到每个企业的反应函数：

$$
\begin{cases}
q_{1a}^* = -dq_{1b} - \dfrac{1}{2}dq_{2b} - \dfrac{1}{2}dq_{3b} + \dfrac{1}{2}l_1 - \dfrac{1}{2}q_{2a} - \dfrac{1}{2}q_{3a} - \dfrac{1}{2}c_1, \\[2mm]
q_{1b}^* = -dq_{1a} - \dfrac{1}{2}dq_{2a} - \dfrac{1}{2}dq_{3a} + \dfrac{1}{2}l_2 - \dfrac{1}{2}q_{2b} - \dfrac{1}{2}q_{3b} - \dfrac{1}{2}c_1 - \dfrac{1}{2}r_1 + \dfrac{1}{2}r_1 d, \\[2mm]
q_{2a}^* = -\dfrac{1}{2}dq_{1b} - dq_{2b} - \dfrac{1}{2}dq_{3b} + \dfrac{1}{2}l_1 - \dfrac{1}{2}q_{1a} - \dfrac{1}{2}q_{3a} - \dfrac{1}{2}c_2, \\[2mm]
q_{2b}^* = -dq_{2a} - \dfrac{1}{2}dq_{1a} - \dfrac{1}{2}dq_{3a} + \dfrac{1}{2}l_2 - \dfrac{1}{2}q_{1b} - \dfrac{1}{2}q_{3b} - \dfrac{1}{2}c_2 - \dfrac{1}{2}r_2 + \dfrac{1}{2}r_2 d, \\[2mm]
q_{3a}^* = -\dfrac{1}{2}dq_{1b} - \dfrac{1}{2}dq_{2b} - dq_{3b} + \dfrac{1}{2}l_1 - \dfrac{1}{2}q_{1a} - \dfrac{1}{2}q_{2a} - \dfrac{1}{2}c_3, \\[2mm]
q_{3b}^* = -dq_{3a} - \dfrac{1}{2}dq_{1a} - \dfrac{1}{2}dq_{2a} + \dfrac{1}{2}l_2 - \dfrac{1}{2}q_{1b} - \dfrac{1}{2}q_{2b} - \dfrac{1}{2}c_3 - \dfrac{1}{2}r_3 + \dfrac{1}{2}r_3 d.
\end{cases}
$$
$$（3-9）$$

假设第一个企业采用天真期望对产量进行决策，即下一期产量与上一期产量保持一致。因此，企业 1 的反应函数如下：

$$
\begin{cases}
q_{1a}(t+1) = q_{1a}^*(t), \\
q_{1b}(t+1) = q_{1b}^*(t).
\end{cases}
\qquad （3-10）
$$

假设第二个企业采用适应性期望对产量进行决策。即企业 2 将根据上一期的预期和上一期预期与实际间的差距来矫正下一期的产量。适应性企业的动态方程如下：

$$
\begin{cases}
q_{2a}(t+1) = q_{2a}(t) + \alpha_1[q_{2a}(t) - q_{2a}^*(t)], \\
q_{2b}(t+1) = q_{2b}(t) + \alpha_2[q_{2b}(t) - q_{2b}^*(t)].
\end{cases}
\qquad （3-11）
$$

（3-11）中，$-1 < \alpha_1 < 0, -1 < \alpha_2 < 0$。$|\alpha_1|$ 和 $|\alpha_2|$ 分别为 $q_{2a}^*(t)$ 和 $q_{2b}^*(t)$ 的权重系数。$1+\alpha_1$ 和 $1+\alpha_2$ 为 $q_{2a}(t)$ 和 $q_{2b}(t)$ 的权重。

假设企业 3 使用有限理性期望对产量进行决策，这种决策规则基于边际利润进行局部性估计，即如果边际利润为正（负），企业 3 将增加（减少）下一期的产出量。β_1 和 β_2 为产品 a 和 b 的产量调整速度参数，并且 $0 < \beta_1 < 1$，$0 < \beta_2 < 1$（Ma and Pu，2013）。企业 3 的动态方程如（3-12）所示：

$$
\begin{cases}
q_{3a}(t+1)=q_{3a}(t)+\beta_1 q_{3a}(t)\dfrac{\partial \Pi_3}{\partial q_{3a}(t)} \\[2mm]
q_{3b}(t+1)=q_{3b}(t)+\beta_2 q_{3b}(t)\dfrac{\partial \Pi_3}{\partial q_{3b}(t)}.
\end{cases}
\tag{3-12}
$$

通过联合（3-10）、（3-11）和（3-12），可以使用一个六维动态差分方程组来描述本章的动态模型，如（3-13）所示：

$$
\begin{cases}
q_{1a}(t+1)=-dq_{1b}(t)-\dfrac{1}{2}dq_{2b}(t)-\dfrac{1}{2}dq_{3b}(t)+\dfrac{1}{2}l_1-\dfrac{1}{2}q_{2a}(t)-\dfrac{1}{2}q_{3a}(t)-\dfrac{1}{2}c_1,\\[2mm]
q_{1b}(t+1)=-dq_{1a}(t)-\dfrac{1}{2}dq_{2a}(t)-\dfrac{1}{2}dq_{3a}(t)+\dfrac{1}{2}l_2-\dfrac{1}{2}q_{2b}(t)-\dfrac{1}{2}q_{3b}(t)-\dfrac{1}{2}c_1\\[2mm]
\qquad\qquad -\dfrac{1}{2}r_1+\dfrac{1}{2}r_1 d,\\[2mm]
q_{2a}(t+1)=q_{2a}(t)+\alpha_1[q_{2a}(t)+\dfrac{1}{2}dq_{1b}(t)-dq_{2b}(t)-\dfrac{1}{2}dq_{3b}(t)+\dfrac{1}{2}l_1-\dfrac{1}{2}q_{1a}(t)\\[2mm]
\qquad\qquad -\dfrac{1}{2}q_{3a}(t)-\dfrac{1}{2}c_2],\\[2mm]
q_{2b}(t+1)=q_{2b}(t)+\alpha_2[q_{2b}(t)+dq_{2a}(t)-\dfrac{1}{2}dq_{1a}(t)-\dfrac{1}{2}dq_{3a}(t)+\dfrac{1}{2}l_2-\dfrac{1}{2}q_{1b}(t)\\[2mm]
\qquad\qquad -\dfrac{1}{2}q_{3b}(t)-\dfrac{1}{2}c_2-\dfrac{1}{2}r_2+\dfrac{1}{2}r_2 d],\\[2mm]
q_{3a}(t+1)=q_{3a}(t)+\beta_1 q_{3a}(t)[-2q_{3a}(t)+l_1-q_{1a}(t)-q_{2a}(t)-d(q_{1b}(t)+q_{2b}(t)\\[2mm]
\qquad\qquad +q_{3b}(t))-dq_{3b}(t)-c_3],\\[2mm]
q_{3b}(t+1)=q_{3b}(t)+\beta_2 q_{3b}(t)[-dq_{3a}(t)-2q_{3b}(t)+l_2-q_{1b}(t)-q_{2b}(t)-d(q_{1a}(t)\\[2mm]
\qquad\qquad +q_{2a}(t)+q_{3a}(t))-c_3-r_3(1-d)],
\end{cases}
$$

$$
\alpha_1,\alpha_2\in(-1,0);\beta_1,\beta_2\in(0,1).
\tag{3-13}
$$

3.3　多产品异质竞争模型的稳定性分析

古诺博弈的纳什均衡是博弈论的一个重要概念，指的是"如果某情况下没有参与者可以独自行动而增加收益，则此策略组合被称为纳什均衡点"，也就是说，在经济模型中，没有任何一方可以在不使其他寡头效益变坏的同时使自己的效益变得更好，那么这种状态就达到了资源配置的最优化，即古诺纳什均衡状态。因此，代数系统（3-14）的解为系统的古诺纳什均衡解：

$$\frac{\partial \Pi_k}{\partial q_{ki}} = 0, i = a, b; k = 1, 2, 3. \tag{3-14}$$

通过简单计算，我们发现系统只存在一个有意义的非负古诺纳什均衡点，即 $E = (A, B, C, D, E, F)$。

$$
\begin{cases}
A = -\dfrac{1}{4}(r_3 d^2 - 3r_1 d^2 + r_2 d^2 + 3dc_1 - dc_3 - dc_2 - dl_2 - r_3 d + 3r_1 d - r_2 d - 3c_1 \\
\quad + c_2 + l_1 + c_3) / (d^2 - 1), \\
B = -\dfrac{1}{4}(-3c_1 - r_3 d - 3r_1 + r_2 + r_3 - dl_1 + 3dc_1 + l_2 + 3r_1 d - dc_3 + c_2 - r_2 d + c_3 \\
\quad - dc_2) / (d^2 - 1), \\
C = \dfrac{1}{4}(-c_1 + 3c_2 + dc_1 - r_3 d^2 - l_1 - c_3 + r_1 d - 3r_2 d + r_3 d + dl_2 - r_1 d^2 - 3dc_2 \\
\quad + 3r_2 d^2 + dc_3) / (d^2 - 1), \\
D = \dfrac{1}{4}(-c_1 + 3c_2 - r_1 + 3r_2 + dc_1 - l_2 - c_3 - r_3 + r_1 d - 3r_2 d + r_3 d + dl_1 - 3dc_2 \\
\quad + dc_3) / (d^2 - 1), \\
E = \dfrac{1}{4}(-3r_3 d - r_1 d^2 + 3r_3 d^2 - r_2 d^2 + dc_1 - 3dc_3 + dc_2 + r_1 d + r_2 d + dl_2 - l_1 - c_2 \\
\quad - c_1 + 3c_3) / (d^2 - 1), \\
F = \dfrac{1}{4}(3r_3 + r_1 d + dl_1 - 3r_3 d - 3dc_3 + dc_1 + r_2 d + dc_2 - c_1 + 3c_3 - c_2 - r_1 - r_2 - l_2) \\
\quad / (d^2 - 1).
\end{cases}
\tag{3-15}
$$

由（3-15）可以看出，纳什均衡点不受参数 $\alpha_1, \alpha_2, \beta_1, \beta_2$ 变化的影响。为了进一步研究古诺纳什均衡点的局部稳定性，需要系统的雅可比（Jacobian）矩阵，如（3-16）所示：

$$
J(E) = \begin{vmatrix}
D_{11} & D_{12} & D_{13} & D_{14} & D_{15} & D_{16} \\
D_{21} & D_{22} & D_{23} & D_{24} & D_{25} & D_{26} \\
D_{31} & D_{32} & D_{33} & D_{34} & D_{35} & D_{36} \\
D_{41} & D_{42} & D_{43} & D_{44} & D_{45} & D_{46} \\
D_{51} & D_{52} & D_{53} & D_{54} & D_{55} & D_{56} \\
D_{61} & D_{62} & D_{63} & D_{64} & D_{65} & D_{66}
\end{vmatrix},
\tag{3-16}
$$

在（3-16）中，

$$
\begin{cases}
D_{11}=0, D_{12}=-d, D_{13}=-\dfrac{1}{2}, D_{14}=-\dfrac{1}{2}d, D_{15}=-\dfrac{1}{2}, D_{16}=-\dfrac{1}{2}d; \\[2mm]
D_{21}=-d, D_{22}=0, D_{23}=-\dfrac{1}{2}d, D_{24}=-\dfrac{1}{2}, D_{25}=-\dfrac{1}{2}d, D_{26}=-\dfrac{1}{2}; \\[2mm]
D_{31}=-\dfrac{1}{2}\alpha_1, D_{32}=\dfrac{1}{2}\alpha_1 d, D_{33}=1+\alpha_1, D_{34}=-\alpha_1 d, D_{35}=-\dfrac{1}{2}\alpha_1, \\[2mm]
D_{36}=-\dfrac{1}{2}\alpha_1 d; \\[2mm]
D_{41}=-\dfrac{1}{2}\alpha_2 d, D_{42}=-\dfrac{1}{2}\alpha_2, D_{43}=\alpha_2 d, D_{44}=1+\alpha_2, D_{45}=-\dfrac{1}{2}\alpha_2 d, \\[2mm]
D_{46}=-\dfrac{1}{2}\alpha_2; \\[2mm]
D_{51}=-\beta_1 q_{3a}(t), D_{52}=-\beta_1 q_{3a}(t)d, D_{53}=-\beta_1 q_{3a}(t), D_{54}=-\beta_1 q_{3a}(t)d, \\[2mm]
D_{55}=1+\beta_1\{-2q_{3a}(t)+l_1-q_{1a}(t)-q_{2a}(t)-d[q_{1b}+q_{2b}+q_{3b}(t)] \\[2mm]
\qquad -dq_{3b}(t)-c_3\}-2\beta_1 q_{3a}(t), \\[2mm]
D_{56}=-2\beta_1 q_{3a}(t)d; \\[2mm]
D_{61}=-\beta_2 q_{3b}(t)d, D_{62}=-\beta_2 q_{3b}(t), D_{63}=-\beta_2 q_{3b}(t)d, D_{64}=-\beta_2 q_{3b}(t), \\[2mm]
D_{65}=-2\beta_2 q_{3b}(t)d, \\[2mm]
D_{66}=1+\beta_2\{-dq_{3a}(t)-2q_{3b}(t)+l_2-q_{1b}(t)-q_{2b}(t)-d[q_{1a}(t)+q_{2a}(t) \\[2mm]
\qquad +q_{3a}(t)]-c_3-r_3(1-d)\}-2\beta_2 q_{3b}(t).
\end{cases}
$$

$$(3\text{-}17)$$

在研究过程中，三寡头异质期望加上多产品假设使得模型变得非常难于分析。为了分析参数集（$\alpha_1, \alpha_2, \beta_1, \beta_2$）对古诺纳什均衡点稳定性的影响，我们对其他参数进行赋值：

$$d=0.5,\ k_1=1,\ k_2=1,\ k_3=1,\ c_1=0.1,\ c_2=0.1,\ c_3=0.2,\ r_1=0.5,$$
$$r_2=0.5,\ r_3=0.5,\ s_1=0.1,\ s_2=0.1,\ s_3=0.1,\ l_1=6,\ l_2=6。$$

系统的初始值为 $(q_{1a}(0), q_{1b}(0), q_{2a}(0), q_{2b}(0), q_{3a}(0), q_{3b}(0))=(1,1,1,1,1,1)$。通过计算（3-15），可以得到古诺纳什均衡点为：

$$E=(1.0417, 0.9167, 1.0417, 0.9167, 0.975, 0.85)。$$

雅可比矩阵的特征方程为：

$$f(\lambda)=\lambda^6+\mu_1\lambda^5+\mu_2\lambda^4+\mu_3\lambda^3+\mu_4\lambda^2+\mu_5\lambda+\mu_6=0,\qquad (3\text{-}18)$$

其中，

$$
\begin{cases}
\mu_1 = 1.7\beta_2 + 1.95\beta_1 - \alpha_1 - 4 - \alpha_2, \\
\mu_2 = 6 - 1.7\alpha_2\beta_2 - 1.7\alpha_1\beta_2 - 1.95\alpha_1\beta_1 - 1.95\alpha_2\beta_1 - 5.85\beta_1 + 0.005\beta_1\beta_2 \\
\qquad + 3\alpha_1 + 3\alpha_2 - 5.1\beta_2 + \alpha_1\alpha_2, \\
\mu_3 = -4 + 3.4\alpha_2\beta_2 + 3.4\alpha_1\beta_2 + 3.9\alpha_1\beta_1 + 3.9\alpha_2\beta_1 + 5.85\beta_1 - 6.63\beta_1\beta_2 \\
\qquad - 3.315\alpha_1\beta_1\beta_2 - 3\alpha_1 - 3\alpha_2 + 1.95\alpha_1\alpha_2\beta_1 + 5.1\beta_2 - 2\alpha_1\alpha_2 \\
\qquad - 3.315\alpha_2\beta_1\beta_2 + 1.7\alpha_1\alpha_2\beta_2, \\
\mu_4 = 1 - 1.7\alpha_2\beta_2 - 1.7\alpha_1\beta_2 - 1.95\alpha_1\beta_1 - 2.0718\alpha_2\beta_1 - 1.95\beta_1 + 3.315\beta_1\beta_2 \\
\qquad + 3.1078\alpha_1\beta_1\beta_2 + \alpha_1 + \alpha_2 - 1.95\alpha_1\alpha_2\beta_1 - 1.7\beta_2 + \alpha_1\alpha_2 + 3.315\alpha_1\alpha_2\beta_1\beta_2 \\
\qquad + 3.315\alpha_2\beta_1\beta_2 - 1.8063\alpha_1\alpha_2\beta_2, \\
\mu_5 = 0.1063\alpha_1\alpha_2\beta_2 - 0.2072\alpha_2\beta_1\beta_2 + 0.2072\alpha_1\beta_1\beta_2 + 0.1219\alpha_1\alpha_2\beta_1 \\
\qquad + 0.2438\alpha_2\beta_1, \\
\mu_6 = -0.195\alpha_1\alpha_2\beta_2 + 0.3278\alpha_1\alpha_2\beta_1\beta_2 + 0.2072\alpha_2\beta_1\beta_2 - 0.1219\alpha_2\beta_1.
\end{cases}
$$

$$（3\text{-}19）$$

令，

$$
\varphi_0 = \mu_6^2 - 1, \ \varphi_1 = \mu_5\mu_6 - \mu_1, \ \varphi_2 = \mu_4\mu_6 - \mu_2, \ \varphi_3 = \mu_3\mu_6 - \mu_3,
$$
$$
\varphi_4 = \mu_2\mu_6 - \mu_4, \ \varphi_5 = \mu_1\mu_6 - \mu_5; \gamma_0 = \varphi_0^2 - \varphi_5^2, \gamma_1 = \varphi_0\varphi_1 - \varphi_4\varphi_5,
$$
$$
\gamma_2 = \varphi_0\varphi_2 - \varphi_3\varphi_5, \gamma_3 = \varphi_0\varphi_3 - \varphi_2\varphi_5, \gamma_4 = \varphi_0\varphi_4 - \varphi_1\varphi_5; \nu_0 = \gamma_0^2 - \gamma_4^2, \quad （3\text{-}20）
$$
$$
\nu_1 = \gamma_0\gamma_1 - \gamma_3\gamma_4, \nu_2 = \gamma_0\gamma_2 - \gamma_2\gamma_4, \nu_3 = \gamma_0\gamma_3 - \gamma_1\gamma_4; \varepsilon_0 = \nu_0^2 - \nu_3^2,
$$
$$
\varepsilon_1 = \nu_0\nu_1 - \nu_2\nu_3, \ \varepsilon_2 = \nu_0\nu_2 - \nu_1\nu_3.
$$

根据 Jury 稳定性判据（Kashet，1992），当（3-21）成立时，古诺纳什均衡点是局部稳定的。

$$
\begin{cases}
1 + \mu_1 + \mu_2 + \mu_3 + \mu_4 + \mu_5 + \mu_6 > 0 \\
1 - \mu_1 + \mu_2 - \mu_3 + \mu_4 - \mu_5 + \mu_6 > 0 \\
|\mu_6| < 1 \\
|\varphi_0| > |\varphi_5|, |\gamma_0| > |\gamma_4| \\
|\nu_0| > |\nu_3|, |\varepsilon_0| > |\varepsilon_2|.
\end{cases}
\qquad （3\text{-}21）
$$

古诺纳什均衡点的局部稳定区域是一个以（3-21）为边界的四维空间 $(\alpha_1, \alpha_2, \beta_1, \beta_2)$ 上的区域。在这个稳定区域中，任意的产出初始值通过有限次博弈，最终达到古诺纳什均衡状态。

3.4　多产品异质竞争模型的数值模拟

3.4.1　市场的稳定性、分岔和混沌行为

本节将使用创新性的三维分岔图来描述系统的复杂动态特征。与传统方法相比，三维分岔图更有利于分析高维系统的动态演化过程。

图 3-1（a）（b）分别为系统在 $(\alpha_1, \beta_1, \beta_2)$ 和 $(\alpha_2, \beta_1, \beta_2)$ 空间上的三维分岔图。在图形中，正中的灰色是稳定状态，沿着箭头 B 的方向，依次经历 2 周期、4 周期、8 周期，然后进入混沌状态。白色代表溢出（溢出意味着竞争的一方退出市场）。

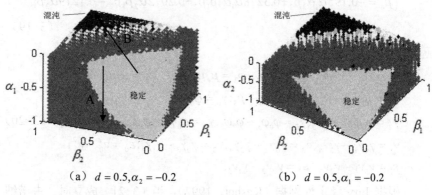

（a）$d = 0.5, \alpha_2 = -0.2$　　（b）$d = 0.5, \alpha_1 = -0.2$

图 3-1　系统的三维分岔图

分析图 3-1，可以得到如下结论：

（1）适应性调整参数对系统复杂特性的影响

适应性调整参数的变化能够改变系统稳定区域的大小。图 3-1（a）中，$|\alpha_1|$ 分别取 0.1，0.3，0.5，0.8，可以得到图 3-2（a）（b）（c）（d）4 个二维分岔图。从图 3-2 中，可以清楚地看到当 $|\alpha_1|$ 改变时，稳定区域的变化趋势：随着 $|\alpha_1|$ 的增加，稳定区域变小，即上一期产量的权重 $1 + \alpha_1$ 越大，越有利于市场的稳定。

再来观察图 3-1（a）中黑色箭头 A，随着 $|\alpha_1|$ 参数的增加，系统由稳定状态进入 2 倍周期状态。因此，增加参数 $|\alpha_1|$ 不足以引发系统的混沌行为。

图 3-3 描述了箭头 A 所表示演化过程的分岔图和最大李雅普诺夫指数。当 $\alpha_1 \in [-0.42, 0)$ 时，系统处于稳定状态；当 $\alpha_1 \in [-1, -0.42)$ 时，系统处于 2 倍周期分岔状态。这一过程同时也证明了上面分析结果的正确性。

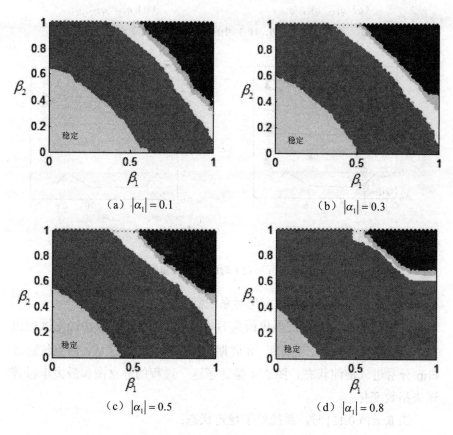

（a）$|\alpha_1| = 0.1$　　　　　　（b）$|\alpha_1| = 0.3$

（c）$|\alpha_1| = 0.5$　　　　　　（d）$|\alpha_1| = 0.8$

图 3-2　$|\alpha_1|$ 不同取值的二维分岔图

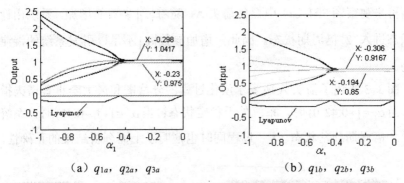

（a）q_{1a}，q_{2a}，q_{3a} （b）q_{1b}，q_{2b}，q_{3b}

图 3-3 $\alpha_2 = -0.2, \beta_1 = \beta_2 = 0.3$ 时的分岔图和最大李雅普诺夫指数

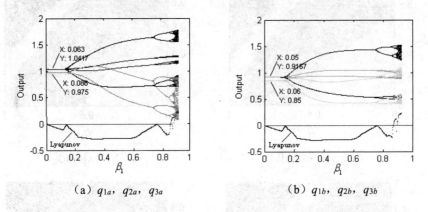

（a）q_{1a}，q_{2a}，q_{3a} （b）q_{1b}，q_{2b}，q_{3b}

图 3-4 $\alpha_1 = \alpha_2 = -0.2, \beta_2 = 0.54$ 时的分岔图和最大李雅普诺夫指数

（2）有限理性调整参数变化对系统复杂特性的影响

观察图 3-1（a）中的黑色箭头 B，参数集 $(\alpha_1, \beta_1, \beta_2)$ 由稳定区域出发，依次经过 2 周期、4 周期、8 周期，最后到达混沌区域，即系统通过 Flip 分岔进入混沌状态。图 3-4 描述了这一过程的分岔图和最大李雅普诺夫指数变化：

当 $\beta_1 \in [0, 0.12]$ 时，系统处于稳定状态；

当 $\beta_1 \in (0.12, 0.88]$ 时，系统处于周期状态（依次经历周期 2、周期 4 和周期 8）；

当 $\beta_1 \in (0.88, 0.92]$ 时，系统处于混沌状态。

图 3-5 是系统于不同参数和不同角度下的混沌吸引子。我们发现，

当有限理性调整参数 β_1 和 β_2 足够大时，系统将发生周期和混沌行为。

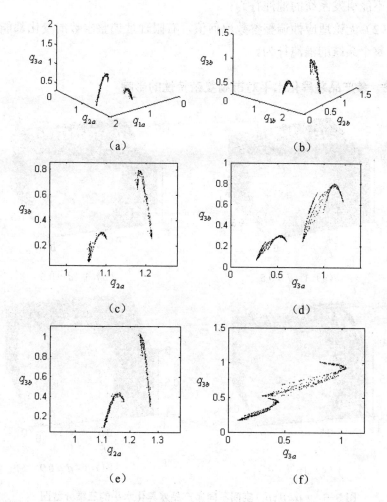

图 3-5　混沌吸引子（a），（c），（d）：$\alpha_1 = \alpha_2 = -0.2, \beta_1 = 0.67, \beta_2 = 0.9$．（b），

（e），（f）：$\alpha_1 = \alpha_2 = -0.2, \beta_1 = 0.8, \beta_2 = 0.73$．

在 $(\alpha_2, \beta_1, \beta_2)$ 空间上的三维分岔图如图 3-1（b）所示，它具有和 3-1（a）相同的特征。

根据以上数值模拟结果，总结适应性调整参数和有限理性调整参数在系统中的地位：

（1）适应性调整参数能够改变系统稳定区域的大小，但仅凭一己之力并不能引发系统的混沌行为；

（2）无论适应性调整参数取何值，有限理性调整参数的变化都能够引发整个系统的混沌行为。

3.4.2　多产品差异化水平对市场复杂特性的影响

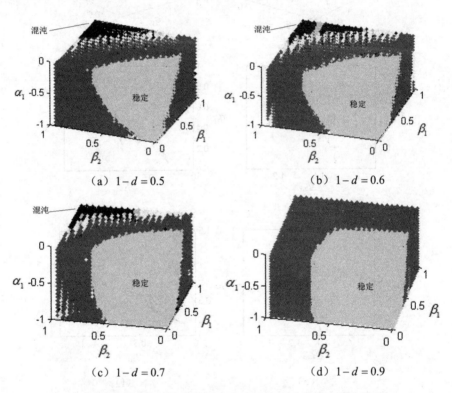

图 3-6　$(\alpha_1, \beta_1, \beta_2)$ 空间不同多产品差异化水平的三维分岔图

这一部分，将研究多产品差异化水平（即 $1-d$）对系统复杂性的影响，图 3-6 和图 3-7 给出了系统在 $(\alpha_1, \beta_1, \beta_2)$ 和 $(\alpha_2, \beta_1, \beta_2)$ 空间上，不同 $1-d$ 取值的三维分岔图。从中，我们可以得到一些新发现：

（1）在范围经济的前提下（即当企业生产多种差异化的产品时，其成本小于企业分别生产每种产品的总成本），较高的多产品差异化水平有利于提高异质三寡头竞争市场的稳定性，这一过程需要通过加强柔性制造技术革新获得。由图 3-6 和图 3-7 看出，随着多产品差异化水平的增加，中间灰色的稳定区域变大而混沌区域变小；尤其，当多产品差异化水平 $1-d=0.9$ 时，只剩下周期 2 区域和稳定区域。

（2）随着多产品差异化水平的增加，系统对适应性和有限理性调整参数的敏感性逐渐减弱。当差异化水平 $1-d=0.9$ 时，系统对适应性参数的敏感性大大降低，并且有限理性调整参数也不再能够引起系统的混沌行为。

从经济角度来看，加强柔性制造技术革新，从而得到较强的范围经济优势，将有利于避免混沌波动风险，从而提高多产品市场的效益。

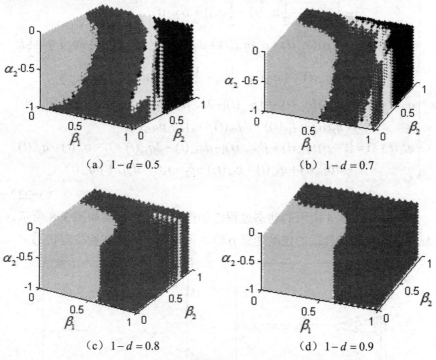

（a）$1-d=0.5$ （b）$1-d=0.7$

（c）$1-d=0.8$ （d）$1-d=0.9$

图 3-7 （$\alpha_2, \beta_1, \beta_2$）空间不同多产品差异化水平的三维分岔图

3.5 复杂波动控制

本节将使用非线性反馈控制方法对多产品异质三寡头模型的混沌行

为进行控制，添加控制变量后的系统如（3-22）所描述：

$$
\begin{cases}
q_{1a}(t+1) = (1-\rho)[-dq_{1b}(t) - \frac{1}{2}dq_{2b}(t) - \frac{1}{2}dq_{3b}(t) + \frac{1}{2}l_1 - \frac{1}{2}q_{2a}(t) - \frac{1}{2}q_{3a}(t) \\
\qquad - \frac{1}{2}c_1] + \rho q_{1a}(t) \\
q_{1b}(t+1) = (1-\rho)[-dq_{1a}(t) - \frac{1}{2}dq_{2a}(t) - \frac{1}{2}dq_{3a}(t) + \frac{1}{2}l_2 - \frac{1}{2}q_{2b}(t) - \frac{1}{2}q_{3b}(t) \\
\qquad - \frac{1}{2}c_1 - \frac{1}{2}r_1 + \frac{1}{2}r_1 d] + \rho q_{1a}(t), \\
q_{2a}(t+1) = (1-\rho)\{q_{2a}(t) + \alpha_1[q_{2a}(t) + \frac{1}{2}dq_{1b}(t) - dq_{2b}(t) - \frac{1}{2}dq_{3b}(t) + \frac{1}{2}l_1 \\
\qquad - \frac{1}{2}q_{1a}(t) - \frac{1}{2}q_{3a}(t) - \frac{1}{2}c_2]\} + \rho q_{1a}(t), \\
q_{2b}(t+1) = (1-\rho)\{q_{2b}(t) + \alpha_2[q_{2b}(t) + dq_{2a}(t) - \frac{1}{2}dq_{1a}(t) - \frac{1}{2}dq_{3a}(t) + \frac{1}{2}l_2 \\
\qquad - \frac{1}{2}q_{1b}(t) - \frac{1}{2}q_{3b}(t) - \frac{1}{2}c_2 - \frac{1}{2}r_2 + \frac{1}{2}r_2 d]\} + \rho q_{1a}(t), \\
q_{3a}(t+1) = (1-\rho)\{q_{3a}(t) + \beta_1 q_{3a}(t)[-2q_{3a}(t) + l_1 - q_{1a}(t) - q_{2a}(t) - d(q_{1b}(t) \\
\qquad + q_{2b}(t) + q_{3b}(t)) - dq_{3b}(t) - c_3]\} + \rho q_{1a}(t), \\
q_{3b}(t+1) = (1-\rho)\{q_{3b}(t) + \beta_2 q_{3b}(t)[-dq_{3a}(t) - 2q_{3b}(t) + l_2 - q_{1b}(t) - q_{2b}(t) \\
\qquad - d(q_{1a}(t) + q_{2a}(t) + q_{3a}(t)) - c_3 - r_3(1-d)]\} + \rho q_{1a}(t).
\end{cases}
$$

$$(3-22)$$

对分岔图 3-4 所示的动态过程添加控制变量，结果如图 3-8 所示。观察发现：选择合适的控制变量 ρ 值，可以把市场控制到稳定状态。

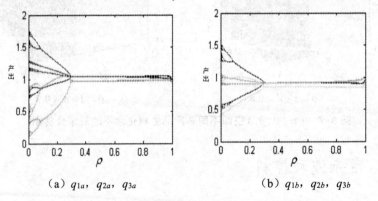

（a）q_{1a}，q_{2a}，q_{3a}　　　（b）q_{1b}，q_{2b}，q_{3b}

图 3-8　控制之后的分岔图 $\alpha_1 = \alpha_2 = -0.2$，$\beta_1 = 0.9$，$\beta_2 = 0.54$

取 $\rho = 0.4$，并将控制前后的系统三维分岔图进行对比，如图 3-9、3-10 所示。

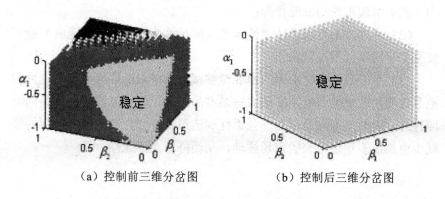

（a）控制前三维分岔图　　　　　　　（b）控制后三维分岔图

图 3-9　（$\alpha_1, \beta_1, \beta_2$）空间控制前后系统演化状态对比，$d = 0.5, \alpha_2 = -0.2$

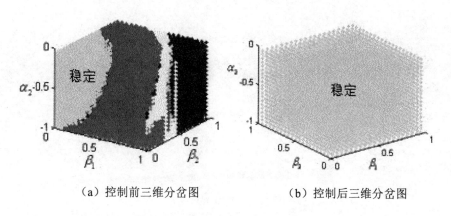

（a）控制前三维分岔图　　　　　　　（b）控制后三维分岔图

图 3-10　（$\alpha_2, \beta_1, \beta_2$）空间控制前后系统演化状态对比，$d = 0.5, \alpha_2 = -0.2$

通过对比，发现非线性反馈控制方法能够减弱甚至消除混沌行为给多产品异质三寡头市场带来的波动风险。

3.6　本章小结

本章使用六维动态系统来描述多产品异质三寡头博弈模型。研究和分析了适应性调整参数、有限理性调整参数、多产品差异化水平对系统复杂动态特性的影响，得到如下结论：

（1）适应性调整参数能够改变模型稳定区域的大小，但仅凭一己之力不能够引起市场的混沌行为；

（2）足够大的有限理性调整参数（即足够快的产量调整速度）能够使整个市场陷入混沌状态；

（3）多产品差异化水平的增加能够减弱系统对适应性和有限理性调整参数变化的敏感程度，即较大的多产品差异化水平能够抑制市场的混沌行为。因此，多产品企业加强柔性制造革新，强化范围经济效应能够减少由系统不稳定带来的市场波动，从而降低企业风险。

第四章　国企改革下竞争市场的复杂风险分析
——基于交互持股和部分私有化的多产品竞争市场

近年来,国有企业与私有企业混合市场研究吸引了众多学者的关注。实际上,从 20 世纪 80 年代开始,中国政府开始初步探索国有企业改革:扩大企业自主权,建立社会主义市场经济体制,进行国有企业管理体制的深层次改革,并把国有企业部分私有化作为改革的策略之一。与此同时,巴西和其他拉丁美洲国家,也尝试使用私有化政策抑制停滞、通货膨胀和债务危机。当前,美国也存在众多这样的企业:同时拥有私人股份和国有股份。

交互持股也称为交叉持股,通常指两个或者两个以上的企业,相互持有对方一定比例的股份,这样一来,持股企业形成利润共同体,从而可以实现企业之间的技术合作和市场整合,同时也可以减弱外部因素对企业的冲击,例如,2013 年,德国戴姆勒收购北京汽车集团 12%股份。需要注意的是交互持股企业之间具有独立的企业决策过程。

由于国有企业部分私有化的存在,在国有企业和私有企业混合市场中,就会存在交互持股的情况。交互持股容易造成一荣俱荣,一损俱损的结局,因此,对其复杂特性的研究显得尤为迫切。

最早的对于混合市场的研究起源于学者 Merrill 和 Schneider(1966),随后,Fraja 和 Delbono(1989, 1990)发现国有企业私有化能够提高混合市场的社会福利。Bennett and Maw(2000, 2003)以及 Matsumura 等人(2009, 2010)深入分析了部分私有化的相关情况。White(1996)分析了混合市场中的生产低效的问题。Kesavayuth and Zikos(2013)研究了混合市场中研发和产出补贴对相对福利的影响。Jain and Pal(2012)研究了交互持股对国企私有化程度的影响。Perotti(1995)

揭示了在众多发展中国家，政府为何使用国有企业部分私有化的策略进行国有体制改革。

上述研究存在一些共有特征。（1）均是针对单产品企业的研究。然而，在生产实践中，绝大多数企业同时生产多种产品而非单一产品。（2）以上研究仅限于静态模型。

不少学者投入到对多产品模型的研究（Bernard et al.，2010；Chisholma and Norman，2012；Harvey and David，2006），但是这些研究也仅仅限于静态模型。有更多学者投入到动态寡头模型的研究（Puu，1991；Ahmed and Agiza，1998，2000），但是这些研究仅限于单产品和企业利润最大化（私有企业）的例子。

本章针对已有研究不足，将多产品结构引入到基于交互参股和部分私有化的双寡头混合模型中，使用非线性动态理论对模型均衡及其稳定性进行分析，使用数值模拟方法分析模型中主要参数（多产品替代参数、部分私有化参数和交互参股参数）对系统复杂特性的影响。

4.1　基于交互持股和部分私有化的多产品竞争混合市场模型

假设市场上存在两个寡头企业，企业 1 和企业 2，企业 1 为国有企业，企业 2 为私有制企业。它们同时生产 a 和 b 两种产品并以产量为决策变量进行竞争。产品 a 和 b 的价格函数分别为：

$$\begin{cases} p_a = l_1 - (q_{1a} + q_{2a}) - d(q_{1b} + q_{2b}), \\ p_b = l_2 - (q_{1b} + q_{2b}) - d(q_{1a} + q_{2a}). \end{cases} \quad (4\text{-}1)$$

公式（4-1）中，$l_i > 0 (i \in \{1,2\})$，表示无偿提供商品时的市场对此产品的潜在需求。产品 a 为企业基本平台生产的基本产品，其价格为 p_a。q_{ka} 和 q_{kb} 分别代表 a 和 b 两种产品在企业 k 中的产出（$k = 1,2$）。d 为两种产品的替代程度 $d \in (0,1)$。

两个企业的总成本函数分别为：

$$\begin{cases} C_1 = k_1 + s_1 + \{q_{1a}c_1 + q_{1b}[c_1 + r_1(1-d)]\}, \\ C_2 = k_2 + s_2 + \{q_{2a}c_2 + q_{2b}[c_2 + r_2(1-d)]\}. \end{cases} \tag{4-2}$$

参数 k_k，s_k，c_k 和 r_k 均为非负（$k=1,2$）。k_k 为企业 k 开发基本产品 a 的成本；s_k 为由基本产品扩展成新产品所需的固定扩展成本；c_k 为企业 k 生产一单位基本产品 a 的边际成本；$[c_k + r_k(1-d)]q_{kb}$ 为企业 k 生产一单位新产品 b 的边际成本；$r_k(1-d)q_b$ 为这种扩展引起的增量单位成本，产品 b 与基本产品 a 之间的差异化水平越大，这种增量成本越大。在某种产品市场内，两个企业的产品是完全替代的，不同种类产品之间是不完全替代的。

两个企业的利润函数分别为：

$$\begin{cases} \prod_1 = p_a q_{1a} + p_b q_{1b} - C_1, \\ \prod_2 = p_a q_{2a} + p_b q_{2b} - C_2. \end{cases} \tag{4-3}$$

政府的目标为社会福利（social welfare，SW）最大化。SW 为消费者剩余和两个企业利润之和，如（4-4）所示：

$$SW = CS + \prod_1 + \prod_2, \tag{4-4}$$

（4-4）中，CS 为消费者剩余（consumer surplus），

$$CS = [l_1 q_a + l_2 q_b - \tfrac{1}{2}(q_a^2 + q_b^2 + 2dq_a q_b)] - (l_1 - q_a - dq_b)q_a - (l_2 - q_b - dq_a)q_b. \tag{4-5}$$

化简（4-5）后，得到 $CS = \dfrac{1}{2}(q_a^2 + q_b^2 + 2dq_a q_b)$。且在本模型中 $q_a = q_{1a} + q_{2a}, q_b = q_{1b} + q_{2b}$。

$o\ (0 \leqslant o \leqslant 1)$ 为国有企业的私有化水平。企业 1（国有企业）以最大化（4-6）为目标。当 $o=0(o=1)$ 时，国有企业的目标为最大化自身利润（社会福利）。政府经济政策直接影响私有化系数 o 的取值。企业 1 的目标函数如（4-6）所描述：

$$M_1 = o\prod_1 + (1-o)SW. \tag{4-6}$$

如果政府决定部分私有化国有企业（企业 1），那么私有企业（企业 2）就可以拥有国有企业的份额。假设私有企业决定持有国有企业私有化

份额的比例为 e。当 $e=0$ 时，双寡头市场不存在交互参股的情况；当 $e=1$ 时，意味着私有企业占有全部国有企业的私有化份额。本章中，称 e 为交互持股参数。企业 2 的目标函数如（4-7）所示：

$$M_2 = \prod_2 + eo\prod_1. \tag{4-7}$$

假设两个企业均采用有限理性期望作为决策规则，系统的动力学方程为：

$$\begin{cases} q_{1a}(t+1) = q_{1a}(t) + \alpha_1 q_{1a}(t)\dfrac{\partial M_1}{\partial q_{1a}(t)}, \\[2mm] q_{1b}(t+1) = q_{1b}(t) + \alpha_2 q_{1b}(t)\dfrac{\partial M_1}{\partial q_{1b}(t)}, \\[2mm] q_{2a}(t+1) = q_{2a}(t) + \beta_1 q_{2a}(t)\dfrac{\partial M_2}{\partial q_{2a}(t)}, \\[2mm] q_{2b}(t+1) = q_{2b}(t) + \beta_2 q_{2b}(t)\dfrac{\partial M_2}{\partial q_{2b}(t)}. \end{cases} \tag{4-8}$$

α_1，α_2，β_1 和 β_2 均为产出调整参数。因此，可以使用（4-9）这样一个四维离散差分方程来表示系统模型，即：

$$\begin{cases} q_{1a}(t+1) = q_{1a}(t) + \alpha_1 q_{1a}(t)[o(-2q_{1a}(t)+l_1-q_{2a}(t)-d(q_{1b}(t)+q_{2b}(t))-dq_{1b}(t)-c_1 \\ \qquad + (1-o)(-q_{1a}(t)-q_{2a}(t)+l_1-dq_{1b}(t)-c_1-dq_{2b}(t)))], \\ q_{1b}(t+1) = q_{1b}(t) + \alpha_2 q_{1b}(t)[o(-dq_{1a}(t)-2q_{1b}(t)+l_2-q_{2b}(t)-d(q_{1a}(t)+q_{2a}(t))-c_1 \\ \qquad - r_1(1-d)) + (1-o)(-q_{1b}(t)-q_{2b}(t)-dq_{1a}(t)+l_2-c_1-r_1(1-d)-dq_{2a}(t))], \\ q_{2a}(t+1) = q_{2a}(t) + \beta_1 q_{2a}(t)[-2q_{2a}(t)+l_1-q_{1a}(t)-d(q_{1b}(t)+q_{2b}(t))-dq_{2b}(t)-c_2 \\ \qquad + eo(-q_{1a}(t)-dq_{1b}(t))], \\ q_{2b}(t+1) = q_{2b}(t) + \beta_2 q_{2b}(t)[-dq_{2a}(t)-2q_{2b}(t)+l_2-q_{1b}(t)-d(q_{1a}(t)+q_{2a}(t)) \\ \qquad - c_2-r_2(1-d)+eo(-dq_{1a}(t)-q_{1b}(t))]. \end{cases} \tag{4-9}$$

4.2　市场的稳定性分析

为了研究模型的纳什均衡及其局部稳定性，我们列出系统（4-9）的雅克比矩阵：

$$J(E) = \begin{vmatrix} J_{11} & J_{12} & J_{13} & J_{14} \\ J_{21} & J_{22} & J_{23} & J_{24} \\ J_{31} & J_{32} & J_{33} & J_{34} \\ J_{41} & J_{42} & J_{43} & J_{44} \end{vmatrix}, \tag{4-10}$$

其中，

$$
\left\{
\begin{aligned}
J_{11} &= 1 + \alpha_1[o(-2q_{1a}(t) + 5.9 - q_{2a}(t) - d(q_{1b}(t) + q_{2b}(t)) - dq_{1b}(t)) + (1-o) \\
&\quad (-q_{1a}(t) - q_{2a}(t) + 5.9 - dq_{1b} - dq_{2b}(t))] + \alpha_1 q_{1a}(t)(-o-1), \\
J_{12} &= \alpha_1 q_{1a}(t)[-2od - (1-o)d], \\
J_{13} &= -\alpha_1 q_{1a}(t), \\
J_{14} &= \alpha_1 q_{1a}(t)[-od - (1-o)d], \\
J_{21} &= \alpha_2 q_{1b}(t)[-2od - (1-o)d], \\
J_{22} &= 1 + \alpha_2[o(-dq_{1a}(t) - 2q_{1b}(t) + 5.4 - q_{2b}(t) - d(q_{1a}(t) + q_{2a}(t)) + 0.5d) \\
&\quad + (1-o)(-q_{1b}(t) - q_{2b} - dq_{1a}(t) + 5.4 + 0.5d - dq_{2a}(t))] + \alpha_2 q_{1b}(t) \\
&\quad (-o-1), \\
J_{23} &= \alpha_2 q_{1b}(t)[-od - (1-o)d], \\
J_{24} &= -\alpha_2 q_{1b}(t), \\
J_{31} &= \beta_1 q_{2a}(t)(-1-eo), \\
J_{32} &= \beta_1 q_{2a}(t)(-d-eod), \\
J_{33} &= 1 + \beta_1[-2q_{2a}(t) + 5.9 - q_{1a}(t) - d(q_{1b}(t) + q_{2b}(t)) - dq_{2b}(t) + eo(-q_{1a}(t) \\
&\quad - dq_{1b}(t))] - 2\beta_1 q_{2a}(t), \\
J_{34} &= -2\beta_1 q_{2a}(t)d, \\
J_{41} &= \beta_2 q_{2b}(t)(-d-eod), \\
J_{42} &= \beta_2 q_{2b}(t)(-1-eo), \\
J_{43} &= -2\beta_2 q_{2b}(t)d, \\
J_{44} &= 1 + \beta_2[-dq_{2a}(t) - 2q_{2b}(t) + 5.4 - q_{1b}(t) - d(q_{1a}(t) + q_{2a}(t)) + 0.5d + eo \\
&\quad (-dq_{1a}(t) - q_{1b}(t))] - 2\beta_2 q_{2b}(t).
\end{aligned}
\right.
$$

$$\tag{4-11}$$

系统的纳什均衡是这样一种状态：没有任何一方在不使得另一方情况变化的同时使得自己的情况变得更好（Xin and Chen，2011）。用代数形式表示这种状态，如（4-12）所示：

$$\frac{\partial \Pi_k}{\partial q_{ki}} = 0, i = a, b; k = 1, 2. \quad (4\text{-}12)$$

通过计算（4-12），发现模型只存在唯一正纳什均衡点 $E = [q_{1a}, q_{1b}, q_{2a}, q_{2b}]$，通过观察（4-13），可知纳什均衡点与参数 $\alpha_1, \alpha_2, \beta_1$ 和 β_2 的取值无关。

$$\begin{cases}
q_{1a} = \dfrac{-2c_1 + l_1 + c_2 - 2d^2r_1 + 2r_1d + 2dc_1 - r_2d - dc_2 + d^2r_2 - dl_2}{-d^2 + 1 - eo + eod^2 - 2od^2 + 2o}, \\[3mm]
q_{1b} = \dfrac{-2r_1 - dl_1 + c_2 + l_2 - 2c_1 + r_2 - r_2d + 2dc_1 - dc_2 + 2r_1d}{-d^2 + 1 - eo + eod^2 - 2od^2 + 2o}, \\[3mm]
q_{2a} = \dfrac{1}{-d^2 + 1 - eo + eod^2 - 2od^2 + 2o}[-(-or_2d - c_1eo + od^2r_2 \\[1mm]
\qquad - c_1 + c_2 - odc_2 + l_1eo - ol_1 + r_1d - r_2d + dol_2 - r_1eod^2 \\[1mm]
\qquad + r_1deo + dc_1eo + dc_1 - dc_2 - d^2r_1 + d^2r_2 + oc_2 - dl_2eo)], \\[3mm]
q_{2b} = \dfrac{1}{-d^2 + 1 - eo + eod^2 - 2od^2 + 2o}[-(-dl_1eo + od_{l1} - or_2d \\[1mm]
\qquad - odc_2 - r_2d + dc_1eo - dc_2 + r_1d + r_1deo + dc_1 - r_1eo \\[1mm]
\qquad + r_2 + l_2eo - c_1eo - ol_2 + or_2 - r_1 + c_2 + oc_2 - c_1)].
\end{cases} \quad (4\text{-}13)$$

混合博弈结构再加上部分私有化、交互持股、多产品假设，使得模型稳定性分析的计算量异常庞大且难于处理，为了更好地研究系统均衡的稳定性，需要对参数进行赋值：

$k_1 = 1;\ k_2 = 1;\ c_1 = 0.1;\ c_2 = 0.1;\ r_1 = 0.5;\ r_2 = 0.5;\ s_1 = 0.1;\ s_2 = 0.1;\ l_1 = 6;\ l_2 = 6$。

系统的初始值为 $(q_{1a}(0), q_{1b}(0), q_{2a}(0), q_{2b}(0)) = (1,1,1,1)$。通过计算（4-13），可以得到系统的均衡点 $E = (1.9138, 1.6708, 0.8057, 0.7017)$。

雅克比矩阵的特征方程为：

$$f(\lambda) = \lambda^4 + A\lambda^3 + B\lambda^2 + C\lambda + D = 0. \quad (4\text{-}14)$$

其中，

$$
\left\{
\begin{aligned}
A = & -4+1.403\beta_2+1.611\beta_1+3.069\alpha_1+2.673\alpha_2; \\
B = & (-4.21\beta_2+2.261\beta_1\beta_2-9.208\alpha_1+4.307\alpha_1\beta_2-4.834\beta_1+8.205\alpha_1\alpha_2 \\
& +3.851\alpha_1\beta_1+2.368\alpha_2\beta_2+4.308\alpha_2\beta_1+6-8.02\alpha_2); \\
C = & (-8.615\alpha_2\beta_1+4.21\beta_2+4.834\beta_1-4+3.816\alpha_2\beta_1\beta_2-4.523\beta_1\beta_2 \\
& +10.30\alpha_1\alpha_2\beta_1-16.41\alpha_1\alpha+9.208\alpha_1+5.405\alpha_1\beta_1\beta_2+8.02\alpha_2 \\
& -8.614\alpha_1\beta_{22}-7.703\alpha_1\beta_1+7.268\alpha_1\alpha_2\beta_2-4.736\alpha_2\beta_2); \\
D = & 1+2.261\beta_1\beta_2+3.851\alpha_1\beta_1-10.3\alpha_1\alpha_2\beta_1-3.816\alpha_2\beta_1\beta_2-1.403\beta_2 \\
& -3.069\alpha_1-5.405\alpha_1\beta_1\beta_2-1.611\beta_1+4.307\alpha_1\beta_2+2.368\alpha_2\beta_2 \\
& -7.268\alpha_1\alpha_2\beta_2+4.308\alpha_2\beta_1+9.171\alpha_1\alpha_2\beta_1\beta_2-2.673\alpha_2 \\
& +8.205\alpha_1\alpha_2.
\end{aligned}
\right.
$$

$$(4\text{-}15)$$

根据 Jury 条件（Kashet，1992），可以得到均衡点稳定的充分必要条件，如（4-16）所示：

$$
\left\{
\begin{aligned}
& 1+A+B+C+D>0, \\
& 1-A+B-C+D>0, \\
& 1-D^2>0, \\
& (1-D^2)^2-(C-AD)^2>0, \\
& [(1-D^2)^2-(C-AD)^2]^2-[B(1-D)^3-(A-CD)(C-AD)]^2>0.
\end{aligned}
\right.
$$

$$(4\text{-}16)$$

在（4-16）所述的范围内，经过有限次博弈，系统将达到纳什均衡状态。

4.3　数值模拟

这一节我们使用创新性的三维（三参数同时变化）分岔图来描述系统的复杂特性，主要包括：产出调整速度参数、多产品的替代水平、国有企业私有化程度及其交互持股参数对模型复杂动态特性的影响。

4.3.1 产出调整速度参数对市场复杂性的影响

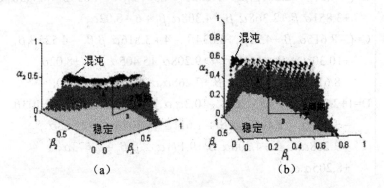

图 4-1 当 $d=0.6, e=0.3, o=0.8, \alpha_1=0.4$ 时的三维分岔图

图 4-1（a）（b）为在 $(\alpha_2, \beta_1, \beta_2)$ 空间上不同视觉角度下的三维（三参数同时变化）分岔图，此时 $d=0.6, e=0.3, o=0.8, \alpha_1=0.4$。图中白色代表溢出（溢出意味着竞争的一方退出市场）。

观察图形中的黑色"箭头 A"，发现系统经由 Flip 分岔进入混沌状态。图 4-2 为这一过程的一维（单变量 α_2 变化）分岔图和最大李雅普诺夫指数：当 $\alpha_2 \in (0, 0.19]$ 时，系统处于稳定状态；当 $\alpha_2 \in (0.19, 0.53]$ 时，系统经历 Flip 分岔；当 $\alpha_2 > 0.53$ 时，系统进入混沌状态。图 4-3 为系统的混沌吸引子。

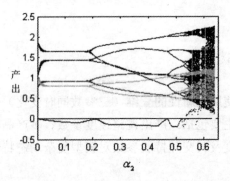

图 4-2 $\alpha_2 = \beta_1 = \beta_2 = 0.4$ 时一维分岔图与最大李雅普诺夫指数

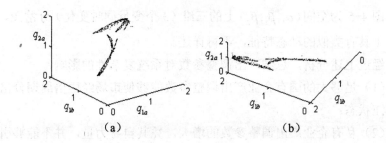

图 4-3　$\alpha_1 = 0.565,\ \alpha_2 = \beta_1 = \beta_2 = 0.4$ **时系统混沌吸引子**

再来观察图 4-1 中的"黑色箭头 B"，发现系统由稳定状态进入 2 倍周期状态。图 4-4 为这一过程的一维（单变量 α_2 变化）分岔图及最大李雅普诺夫指数。

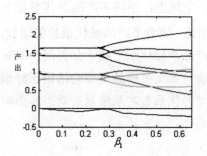

图 4-4　$\alpha_1 = 0.3, aa_2 = 0.38, bb_2 = 0.45$ **时一维分岔图及最大李雅普诺夫指数**

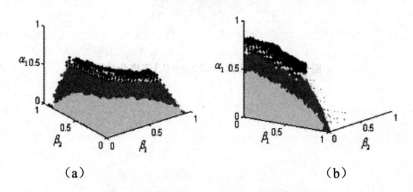

图 4-5　空间 $(\alpha_1, \beta_1, \beta_2)$ 上的三维分岔图

图 4-5 为空间$(\alpha_1,\beta_1,\beta_2)$上的三维（3 个变量同时变化）分岔图，与图 4-1 具有类似的动态特征，不再详述。

经过上述分析，总结产出调整参数对系统复杂性的影响：

（1）足够大的国有企业产出调整参数能够使市场经由倍周期分岔进入混沌状态；

（2）私有企业产出调整参数的增大，凭其自身力量，并不能够引起混沌，如图 4-1 和 4-5 所示，只能够引起二周期状态。

因此，国有企业的产出调整参数对市场的复杂特性有显著的影响。

4.3.2   多产品替代水平对市场复杂特性的影响

为了研究多产品替代程度对系统复杂特性的影响，图 4-6、4-7、4-8 给出了$(\alpha_2,\beta_1,\beta_2)$空间上，不同多产品替代参数下的三维分岔图。从中，可以得到一些结论：随着多产品替代系数的增加，稳定域逐渐增大。也就是，较小的多产品差异化水平利于此类混合双寡头市场的稳定。这个结论与第三章异质三寡头多产品模型的结论正好相反，可见，不同经济环境下，多产品差异化系数对系统复杂动态的影响有着显著的差异。

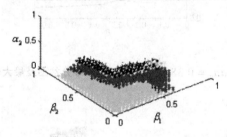

图 4-6   当 $d=0.3, o=0.7, e=0.3$ 三维分岔图

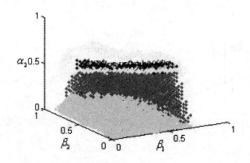

图 4-7 当 $d=0.5, o=0.7, e=0.3$ 三维分岔图

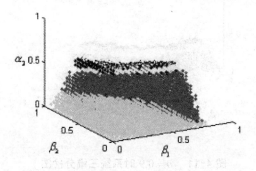

图 4-8 当 $d=0.7, o=0.7, e=0.3$ 三维分岔图

4.3.3 国有企业私有化水平对市场复杂特性的影响

图 4-9、4-10 和 4-11 为模型在 $(\alpha_2, \beta_1, \beta_2)$ 空间上不同私有化水平下的三维分岔图，此时其他参数值为 $\alpha_1=0.4$，$d=0.6$，$e=0.3$。

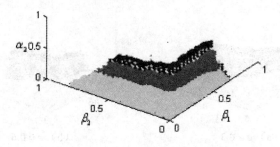

图 4-9 $o=0.3$ 时系统三维分岔图

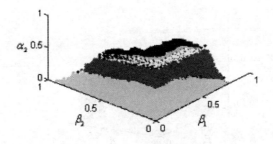

图 4-10　$o = 0.6$ 时系统三维分岔图

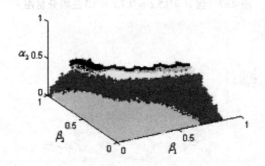

图 4-11　$o = 0.9$ 时系统三维分岔图

通过对比观察发现，随着国有企业私有化水平的提高，系统的稳定区域变大。也就是说，在基于交互持股和部分私有化的双寡头混合博弈模型中，公有制企业加大私有化程度有利于提升多产品市场的稳定性。

4.3.4　交互持股参数对市场复杂特性的影响

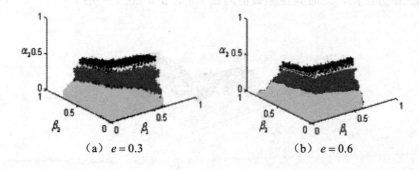

（a）$e = 0.3$　　　　　　　　（b）$e = 0.6$

图 4-12　当 $d = 0.5, o = 0.5$ 三维分岔图

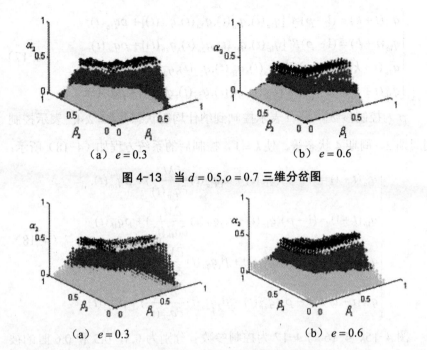

（a）$e = 0.3$　　　　　　　　（b）$e = 0.6$

图 4-13　当 $d = 0.5, o = 0.7$ 三维分岔图

（a）$e = 0.3$　　　　　　　　（b）$e = 0.6$

图 4-14　当 $d = 0.7, o = 0.9$ 三维分岔图

观察图 4-12、4-13 和 4-14 发现，当多产品替代程度 d 和私有化水平 o 都比较小的时候，系统稳定性对交互持股参数的改变不敏感；增加私有化水平，交互持股参数的增加会增加系统的稳定区域；然后同时增加多产品替代程度和国有企业私有化水平，交互持股参数的改变对系统稳定性的影响有所增加。也就是其他两个参数的改变会影响到系统对交互持股参数的敏感性。

4.4　复杂波动控制

由于混沌市场的不确定性，多数情况下市场管理者和参与者不希望市场处于混沌状态，因此可以使用混沌控制方法来消除和抑制混沌现象。非线性控制方法是一种简单并且有效的控制混沌的方法。控制模型如公式（4-17）所示：

$$\begin{cases} q_{1a}(t+k)=(1-\rho)A^k[q_{1a}(t),q_{1b}(t),q_{2a}(t),q_{2b}(t)]+\rho q_{1a}(t), \\ q_{1b}(t+k)=(1-\rho)B^k[q_{1a}(t),q_{1b}(t),q_{2a}(t),q_{2b}(t)]+\rho q_{1b}(t), \\ q_{2a}(t+k)=(1-\rho)C^k[q_{1a}(t),q_{1b}(t),q_{2a}(t),q_{2b}(t)]+\rho q_{2a}(t), \\ q_{2b}(t+k)=(1-\rho)D^k[q_{1a}(t),q_{1b}(t),q_{2a}(t),q_{2b}(t)]+\rho q_{2b}(t). \end{cases} \quad (4\text{-}17)$$

ρ 为控制参数。$k=1$ 表示控制到纳什均衡状态，$k=2,4,\dots$ 表示控制到周期 2、周期 4 状态等。使 $k=1$，控制后的系统方程如（4-18）所示：

$$\begin{cases} q_{1a}(t+1)=(1-\rho)(q_{1a}(t)+\alpha_1 q_{1a}(t)\dfrac{\partial M_1}{\partial q_{1a}(t)})+\rho q_{1a}(t), \\[2mm] q_{1b}(t+1)=(1-\rho)(q_{1b}(t)+\alpha_2 q_{1b}(t)\dfrac{\partial M_1}{\partial q_{1b}(t)})+\rho q_{1b}(t), \\[2mm] q_{2a}(t+1)=(1-\rho)(q_{2a}(t)+\beta_1 q_{2a}(t)\dfrac{\partial M_2}{\partial q_{2a}}(t))+\rho q_{2a}(t), \\[2mm] q_{2b}(t+1)=(1-\rho)(q_{2b}(t)+\beta_2 q_{2b}(t)\dfrac{\partial M_2}{\partial q_{2b}(t)})+\rho q_{22}(t). \end{cases} \quad (4\text{-}18)$$

图 4-15、4-16 与 4-17 为控制参数 ρ 分别为 0.3，0.5 和 0.6 时的被控模型。与图 4-1 相比，当 $\rho=0.3$ 时，系统的稳定区域被大大扩展；当 $\rho=0.5$ 时，系统被控制到稳定和 2 倍周期状态；当 $\rho=0.6$ 时，系统完全处于稳定状态，系统的周期分岔和混沌现象完全消失，两个寡头持续处于均衡的稳定状态，此时双方企业都能够获得稳定的利润。

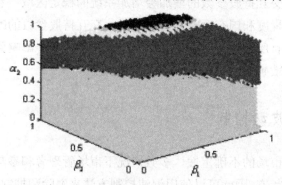

图 4-15　$e=0.3, d=0.6, o=0.8, \rho=0.3$ 三维分岔图

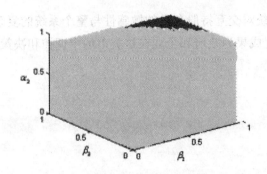

图 4-16　$e=0.3, d=0.6, o=0.8, \rho=0.5$ 三维分岔图

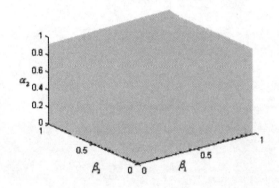

图 4-17　当 $e=0.3, d=0.6, o=0.8, \rho=0.6$ 三维分岔图

4.5　本章小结

本章建立了一个基于交互持股和部分私有化的多产品双寡头动态模型，研究了纳什均衡及其稳定性，使用具有创新性的三维分岔图来分析此高维动态系统的复杂特性。实验结果显示：

（1）对比国有企业和私有企业的产量调整参数对系统复杂性的影响发现，系统对国有企业产量调整参数非常敏感，其变化可以引发整个系统的混沌行为；

（2）较高的多产品替代水平有利于这类混合市场的稳定；

（3）较高的国有企业私有化水平能够提高整个市场的稳定性；

（4）整个系统对交互持股参数的敏感性与整个系统的复杂程度相关。

本章的研究成果为政府和企业在这类市场中调控和决策提供重要参考依据。

第五章　委托代理情景下竞争市场的
复杂特性分析

随着市场经济的发展，企业的组织形式不断发生变化，为了适应社会化大生产的要求，一些企业的所有权和经营权互相分离，所有者不参与企业的经营，企业的经营者拥有对企业经营活动的管理权和决策权。委托代理就是这样一种所有者和经营者之间的关系。

在经济学中，委托代理关系具有如下假设：所有者和经营者（委托人和代理人）都是追求自身利益最大化的经济人；所有者和经营者具有不同的目标函数，他们均追求自身利益的最大化，因此，他们之间不可避免地存在利益冲突；所有者和经营者在信息占有关系中的地位是不对等的，所有者处于劣势，因此对经营者的监督和约束显得尤为重要。另外，委托代理的结果除了受经营者努力程度影响外，还受其他代理人难以把握的不确定因素的影响。

当前，已有的寡头博弈复杂动态研究中，绝大多数企业的目标是企业利润最大化。但是，当经营权和管理权分离，即委托代理关系发生的时候，管理者作为代理人通常追求的是个人收入最大化，社会地位、声誉的提高，权力的扩大以及舒适的条件等。为了更好地对经营者进行监督控制，所有者会设计报酬激励契约来督促经营者努力，例如，使用收益（Fershtman and Kamien，1987；Sklivas，1987），销量（Vickers，1985），市场份额（Jansen et al.，2007；Ritz，2008）和相对利润（Fanti et al.，2012）等作为激励契约，在经济实践中，这些策略经常被用到。

另一方面，在多产品模型中，至关重要的问题是企业总成本函数的构造。在第三章和第四章中，多产品总成本函数的构造形式适合于这样一类情形：多产品之间具有一定的差异性，并且可以相互替代，例如企业生产一类产品族满足消费者对产品不同型号的需求，此类成本函数不涵盖产品互补的情况。本章引入一种更具一般性的总成本函数构造形式，多产品之间的关系可以相互替代也可以互补，并且同时体现了范围经济和规模经济的概念。

本章建立了一个委托代理环境下多产品双寡头动态产出模型，博弈中，所有者雇佣职业经理人代理产出决策，并且使用有限理性作为系统的动态决策规则。每个企业的总成本函数是以多产品为特征的非线性形式。本章研究了模型的纳什均衡及其局部稳定性。通过数值模拟，分析了系统的切分岔和间歇混沌行为。通过实验，发现系统中存在两种通向混沌的间歇道路：（1）Flip 分岔及其间歇道路；（2）蕴含 Hopf 分岔的 Flip 分岔及其间歇道路。本章的研究结果能够帮助我们进一步认识和理解存在于寡头经济模型中的间歇混沌现象。

5.1   基于委托代理的多产品产量竞争模型

两个寡头企业 $i=1,2$，每个企业生产两种产品 a 和 b。两种产品的市场价格（逆需求函数）分别如（5-1）所示：

$$p_a = l_a - (q_{1a} + q_{2a}) - k(q_{1b} + q_{2b}),$$
$$p_b = l_b - (q_{1b} + q_{2b}) - k(q_{1a} + q_{2a}). \tag{5-1}$$

在（5-1）中，$l_j > 0$，q_{ij} 为企业 i 生产产品 j 的产出数量，$i=1,2$；$j=a,b$。$k \in [-1,1]$：$k \in [-1,0)$ 意味两种产品之间的关系为互补；$k \in (0,1)$ 意味着两种产品之间的关系是相互替代的；$k=1$ 意味同质产品；$k=0$ 意味两种产品是相互独立的。在每种产品的市场内部，产品是完全替代的；产品 a 和产品 b 之间是不完全替代的。

企业 1 和 2 的总成本函数（David and Heith，1998）如（5-2）所示：

$$\begin{cases} C_1 = c_{1a}q_{1a} + c_{1b}q_{1b} + d_{1a}q_{1a}^2 + d_{1b}q_{1b}^2 + h_1q_{1a}q_{1b} - f_1q_{1a}^{\frac{1}{2}}q_{1b}^{\frac{1}{2}} + S_1 + s_{1a} + s_{1b} \\ C_2 = c_{2a}q_{2a} + c_{2b}q_{2b} + d_{2a}q_{2a}^2 + d_{2b}q_{2b}^2 + h_2q_{2a}q_{2b} - f_2q_{2a}^{\frac{1}{2}}q_{2b}^{\frac{1}{2}} + S_2 + s_{2a} + s_{2b} \end{cases}$$
$$\tag{5-2}$$

假设所有的参数均为非负，每个参数的解释如下（David，1998；

Tomasz，2011）：

d_{ij}：规模不经济参数（diseconomies of scale）。所谓规模不经济，是指随着企业生产规模扩大，边际效益却不断下降，最后成为负值。究其原因，是因为随着规模扩大企业内部结构更加复杂，内部结构的复杂化会消耗内部资源，当这种消耗抵消甚至超过了扩大规模带来的好处时，规模不经济现象就会出现。

h_i：范围不经济参数（diseconomies of scope）。所谓范围不经济，是指由一个单一的企业生产多种产品比多个不同的企业分别生产这些产品中每一种产品的平均成本要高的生产过程。

f_i：范围经济参数（economies of scope）。$f_i = 0$，意味着企业 i 生产单产品。当两种或更多的产品合并在一起生产比分开来生产的成本要低，就会存在范围经济。

S_i：多产品共享的、不可分割的固定成本。

s_{ij}：可变成本。

每个企业的所有者委托管理者（职业经理人）代理其进行产出决策，每位所有者都使用某种激励机制（即管理者的目标函数）促使管理者最大化企业的利润。企业的利润如（5-3）所示，为企业所有者的目标函数：

$$\begin{cases} \Pi_1 = p_a q_{1a} + p_b q_{1b} - C_1 \\ \Pi_2 = p_a q_{2a} + p_b q_{2b} - C_2. \end{cases} \quad (5\text{-}3)$$

管理者的薪水包括：固定工资和激励契约规定的奖金，如（5-4）所示：

$$T_i + U_i W_i, \quad (5\text{-}4)$$

（5-4）中，$i = 1,2$。T_i 和 U_i 均为常量。如果控制变量为 q_{ij}，那么最大化 $T_i + U_i W_i$ 与最大化 W_i 是等价的。因此，在模型中，认为 W_i 为管理者的目标函数。企业 i 管理者的目标函数的结构如（5-5）所示：

$$W_i = r_i \Pi_i + (1 - r_i) F_i. \quad (5\text{-}5)$$

　　企业 i 的所有者选择其权重系数为 r_i。目前 F_i 主要有以下几种形势：基于销售量的激励契约，基于收益的激励契约，基于市场份额的激励契约，和基于相对利润的激励契约。本章使用相对利润（Gori and Sodini，2012）作为职业管理者的激励契约。因此，管理者的目标函数如（5-6）所示：

$$\begin{cases} W_1 = r_1 \Pi_1 + (1-r_1)(\Pi_1 - \Pi_2), \\ W_2 = r_2 \Pi_2 + (1-r_2)(\Pi_2 - \Pi_1). \end{cases} \tag{5-6}$$

　　在（5-6）中，$0 < r_i < 2(i=1,2)$，r_i 为外生变量，由所有者制定激励契约时决定，代表管理者应该持有的态度。如果 $r_i \in (1,2)$，所有者倾向于合作，如果 $r_i \in (0,1]$，所有者倾向于竞争。

　　假设两个企业均采用基于边际效益的有限理性期望进行决策，如（5-7）所示：

$$\begin{cases} q_{1a}(t+1) = q_{1a}(t) + \alpha_1 q_{1a}(t)\dfrac{\partial W_1}{\partial q_{1a}(t)}, \\ q_{1a}(t+1) = q_{1b}(t) + \alpha_2 q_{1b}(t)\dfrac{\partial W_1}{\partial q_{1b}(t)}, \\ q_{1a}(t+1) = q_{2a}(t) + \beta_1 q_{2a}(t)\dfrac{\partial W_2}{\partial q_{2a}(t)}, \\ q_{1a}(t+1) = q_{2b}(t) + \beta_2 q_{2b}(t)\dfrac{\partial W_2}{\partial q_{2b}(t)}, \end{cases} \tag{5-7}$$

　　因此，一个四维离散差分系统准确描述了此动态模型，如（5-8）所示：

$$
\begin{cases}
q_{1a}(t+1) = q_{1a}(t) + \alpha_1 q_{1a}(t)[r_1(-2q_{1a}(t) + l_1 - q_{2a}(t) - k(q_{1b}(t) + q_{2b}(t)) \\
\qquad - kq_{1b}(t) - c_{1a} - 2d_{1a}q_{1a}(t) - h_1 q_{1b}(t) + \dfrac{f_1}{2q_{1a}^{1/2}(t)q_{1b}^{1/2}(t)}) + (1-r_1) \\
\qquad (-2q_{1a}(t) + l_1 - k(q_{1b}(t) + q_{2b}(t)) - kq_{1b}(t) - c_{1a} - 2d_{1a}q_{1a}(t) \\
\qquad - h_1 q_{1b}(t) + \dfrac{f_1}{2q_{1a}^{1/2}(t)q_{1b}^{1/2}(t)} + kq_{2b}(t))], \\[4pt]
q_{1b}(t+1) = q_{1b}(t) + \alpha_2 q_{1b}(t)[r_1(-kq_{1a}(t) - 2q_{1b}(t) + l_2 - q_{2b}(t) - k(q_{1a}(t) \\
\qquad + q_{2a}(t)) - c_{1b} - 2d_{1b}q_{1b}(t) - h_1 q_{1a}(t) + \dfrac{f_1 q_{1a}^{1/2}(t)}{2q_{1b}^{1/2}(t)}) + (1-r_1)(-kq_{1a}(t) \\
\qquad - 2q_{1b}(t) + l_2 - k(q_{1a}(t) + q_{2a}(t)) - c_{1b} - 2d_{1b}q_{1b}(t) - h_1 q_{1a}(t) \\
\qquad + \dfrac{f_1 q_{1a}^{1/2}(t)}{2q_{1b}^{1/2}(t)} + kq_{2a}(t))], \\[4pt]
q_{2a}(t+1) = q_{2a}(t) + \beta_1 q_{2a}(t)[r_2(-2q_{2a}(t) + l_1 - q_{1a}(t) - k(q_{1b}(t) + q_{2b}(t)) \\
\qquad - kq_{2b}(t) - c_{2a} - 2d_{2a}q_{2a}(t) - h_2 q_{2b}(t) + \dfrac{f_2}{2q_{2a}^{1/2}(t)q_{2b}^{1/2}(t)}) + (1-r_2) \\
\qquad (-2q_{2a}(t) + l_1 - k(q_{1b}(t) + q_{2b}(t)) - kq_{2b}(t) - c_{2a} - 2d_{2a}q_{2a}(t) \\
\qquad - h_2 q_{2b}(t) + \dfrac{f_2}{2q_{2a}^{1/2}(t)q_{2b}^{1/2}(t)} + kq_{1b}(t))], \\[4pt]
q_{2b}(t+1) = q_{2b}(t) + \beta_2 q_{2b}(t)[r_2(-kq_{2a}(t) - 2q_{2b}(t) + l_2 - q_{1b}(t) - k(q_{1a}(t) \\
\qquad + q_{2a}(t)) - c_{2b} - 2d_{2b}q_{2b}(t) - h_2 q_{2a}(t) + \dfrac{f_2 q_{2a}^{1/2}(t)}{2q_{2b}^{1/2}(t)}) + (1-r_2) \\
\qquad (-kq_{2a}(t) - 2q_{2b}(t) + l_2 - k(q_{1a}(t) + q_{2a}(t)) - c_{2b} - 2d_{2b}q_{2b}(t) \\
\qquad - h_2 q_{2a}(t) + \dfrac{f_2 q_{2a}^{1/2}(t)}{2q_{2b}^{1/2}(t)} + kq_{1a}(t))].
\end{cases}
$$

$$(5\text{-}8)$$

α_1，α_2，β_1 和 β_2 均为产出调整参数。

5.2　市场的稳定性分析

为了研究模型的古诺纳什均衡及其稳定性，需要系统（5-8）的雅可比矩阵，如（5-9）所示：

$$J = \begin{vmatrix} D_{11} & D_{12} & D_{13} & D_{14} \\ D_{21} & D_{22} & D_{23} & D_{24} \\ D_{31} & D_{32} & D_{33} & D_{34} \\ D_{41} & D_{42} & D_{43} & D_{44} \end{vmatrix}. \tag{5-9}$$

在（5-9）中，

$$
\begin{aligned}
D_{11} &= 1 + \alpha_1[r_1(-2q_{1a}(t) + l_1 - q_{2a}(t) - k(q_{1b}(t) + q_{2b}(t)) - kq_{1b}(t) - c_{1a} - 2d_{1a}q_{1a}(t) - h_1q_{1b}(t) \\
&\quad + \frac{f_1}{2q_{1a}^{1/2}(t)q_{1b}^{1/2}(t)}) + (1 - r_1)(-2q_{1a}(t) + l_1 - k(q_{1b}(t) + q_{2b}(t)) - kq_{1b}(t) - c_{1a} - 2d_{1a}q_{1a}(t) \\
&\quad - h_1q_{1b}(t) + \frac{f_1}{2q_{1a}^{1/2}(t)q_{1b}^{1/2}(t)} + kq_{2b}(t))] + \alpha_1 q_{1a}(t)[r_1(-2 - 2d_{1a} - \frac{f_1}{4q_{1a}^{3/2}(t)q_{1b}^{1/2}(t)}) + \\
&\quad (1 - r_1)(-2 - 2d_{1a} - \frac{f_1}{4q_{1a}^{3/2}(t)q_{1b}^{1/2}(t)})]; \\[6pt]
D_{12} &= \alpha_1 q_{1a}(t)[r_1(-2k - h_1 + \frac{f_1}{4q_{1a}^{1/2}(t)q_{1b}^{1/2}(t)}) + (1 - r_1)(-2k - h_1 + \frac{f_1}{4q_{1a}^{1/2}(t)q_{1b}^{1/2}(t)})]; \\[6pt]
D_{13} &= -\alpha_1 q_{1a}(t)r_1; \\[6pt]
D_{14} &= -\alpha_1 q_{1a}(t)r_1 k; \\[6pt]
D_{21} &= \alpha_2 q_{1b}(t)[r_1(-2k - h_1 + \frac{f_1}{4q_{1a}^{1/2}(t)q_{1b}^{1/2}(t)}) + (1 - r_1)(-2k - h_1 + \frac{f_1}{4q_{1a}^{1/2}(t)q_{1b}^{1/2}(t)})]; \\[6pt]
D_{22} &= 1 + \alpha_2[r_1(-kq_{1a}(t) - 2q_{1b}(t) + l_2 - q_{2b}(t) - k(q_{1a}(t) + q_{2a}(t)) - c_{1b} - 2d_{1b}q_{1b}(t) \\
&\quad - h_1q_{1a}(t) + \frac{f_1}{2q_{1a}^{1/2}(t)q_{1b}^{1/2}(t)}) + (1 - r_1)(-kq_{1a}(t) - 2q_{1b}(t) + l_2 - k(q_{1a}(t) + q_{2a}(t)) - c_{1b} \\
&\quad - 2d_{1b}q_{1b}(t) - h_1q_{1a}(t) + \frac{f_1}{2q_{1a}^{1/2}(t)q_{1b}^{1/2}(t)} + kq_{2a}(t))] + \alpha_2 q_{1b}(t)[r_1(-2 - 2d_{1b} \\
&\quad - \frac{f_1}{4q_{1a}^{1/2}(t)q_{1b}^{3/2}(t)}) + (1 - r_1)(-2 - 2d_{1b} - \frac{f_1}{4q_{1a}^{1/2}(t)q_{1b}^{3/2}(t)})]; \\[6pt]
D_{23} &= -\alpha_2 q_{1b}(t)r_1 k; \\[6pt]
D_{24} &= -\alpha_2 q_{1b}(t)r_1; \\[6pt]
D_{31} &= -\beta_1 q_{2a}(t)r_2; \\[6pt]
D_{32} &= -\beta_1 q_{2a}(t)r_2 k; \\[6pt]
D_{33} &= 1 + \beta_1[r_2(-2q_{2a}(t) + l_1 - q_{1a}(t) - k(q_{1b}(t) + q_{2b}(t)) - kq_{2b}(t) - c_{2a} - 2d_{2a}q_{2a}(t) \\
&\quad - h_2q_{2b}(t) + \frac{f_2}{2q_{2a}^{1/2}(t)q_{2b}^{1/2}(t)}) + (1 - r_2)(-2q_{2a}(t) + l_1 - k(q_{1b}(t) + q_{2b}(t)) - kq_{2b}(t) \\
&\quad - c_{2a} - 2d_{2a}q_{2a}(t) - h_2q_{2b}(t) + \frac{f_2}{2q_{2a}^{1/2}(t)q_{2b}^{1/2}(t)} + kq_{1b}(t))] + \beta_1 q_{2a}(t)[r_2(-2 - 2d_{2a} \\
&\quad - \frac{f_2}{4q_{2a}^{3/2}(t)q_{2b}^{1/2}(t)}) + (1 - r_2)(-2 - 2d_{2a} - \frac{f_2}{4q_{2a}^{3/2}(t)q_{2b}^{1/2}(t)})];
\end{aligned}
$$

$$
\begin{cases}
D_{34} = \beta_1 q_{2a}(t)[r_2(-2k-h_2+\dfrac{f_2}{4q_{2a}^{1/2}(t)q_{2b}^{1/2}(t)})+(1-r_2)(-2k-h_2+\dfrac{f_2}{4q_{2a}^{1/2}(t)q_{2b}^{1/2}(t)})]; \\[2mm]
D_{41} = -\beta_2 q_{2b}(t)r_2 k; \\[2mm]
D_{42} = -\beta_2 q_{2b}(t)r_2; \\[2mm]
D_{43} = \beta_2 q_{2b}(t)[r_2(-2k-h_2+\dfrac{f_2}{4q_{2b}^{1/2}(t)q_{2a}^{1/2}(t)})+(1-r_2)(-2k-h_2+\dfrac{f_2}{4q_{2a}^{1/2}(t)q_{2b}^{1/2}(t)})]; \\[2mm]
D_{44} = 1+\beta_2[r_2(-kq_{2a}(t)-2q_{2b}(t)+l_2-q_{1b}(t)-k(q_{1a}(t)+q_{2a}(t))-c_{2b}-2d_{2b}q_{2b}(t) \\[2mm]
\qquad -h_2 q_{2a}(t)+\dfrac{f_2}{2q_{2a}^{1/2}(t)q_{2b}^{1/2}(t)})+(1-r_2)(-kq_{2a}(t)-2q_{2b}(t)+l_2-k(q_{1a}(t)+q_{2a}(t)) \\[2mm]
\qquad -c_{2b}-2d_{2b}q_{2b}(t)-h_2 q_{2a}(t)+\dfrac{f_2}{2q_{2a}^{1/2}(t)q_{2b}^{1/2}(t)}+kq_{1a}(t))]+\beta_2 q_{2b}(t)[r_2(-2-2d_{2b} \\[2mm]
\qquad -\dfrac{f_2 q_{2a}^{1/2}(t)}{4q_{2b}^{3/2}(t)})+(1-r_2)(-2-2d_{2b}-\dfrac{f_2 q_{2a}^{1/2}(t)}{4q_{2b}^{3/2}(t)})].
\end{cases}
$$

$$（5-10）$$

在模型中，多产品加上委托代理的假设，使得关于模型稳定性的计算变得非常地庞大和复杂，经过尝试发现，分析具有普遍意义的稳定条件是不可行的。为了得到古诺纳什均衡点及其局部稳定区域，我们对相关参数进行赋值：

$$c_{1a}=0.15,\ c_{1b}=0.1, c_{2a}=0.2, c_{2b}=0.1, l_1=6, l_2=6, d_1=0.5, d_2=0.6,$$

$$d_{1a}=0.85, d_{1b}=0.9, d_{2a}=0.95, d_{2b}=0.97, h_1=0.5, h_2=0.5, f_1=0.8,$$

$$f_2=0.7, k=0.2; r_1=1.6, r_2=1.6.$$

系统的初值为 $(q_{1a}(0),q_{1b}(0),q_{2a}(0),q_{2b}(0))=(0.5,0.5,0.5,0.5)$。

古诺纳什均衡是这样一种状态：在这种均衡状态下，在不使任何一方利润减少的情况下，而不可能再使某一方的利润增加。因此，通过计算 $\dfrac{\partial \Pi_i}{\partial q_{ij}}=0$，得到唯一的非负古诺纳什均衡解为：

$$q_e=[q_{1a}(0.9926),q_{1b}(0.9667),q_{2a}(0.8818),q_{2b}(0.9103)]。$$

雅可比矩阵的特征方程为：

$$f(\lambda)=\lambda^4+A_1\lambda^3+A_2\lambda^2+A_3\lambda+A_0=0 \qquad （5-11）$$

在（5-11）中，

$$
\begin{cases}
A_1 = -4+3.87\alpha_1+3.876\alpha_2+3.617\beta_1+3.759\beta_2, \\
A_2 = -10.85\beta_1-11.61\alpha_1+13.6\beta_1\beta_2+15\alpha_1\alpha_2+11.76\alpha_1\beta_1-11.63\alpha_2+6 \\
\qquad +14.02\alpha_2\beta_1+14.55\alpha_1\beta_2-11.28\beta_2+12.32\alpha_2\beta_2, \\
A_3 = 44.19\beta_1\beta_2\alpha_1-23.51\alpha_1\beta_1+45.57\alpha_1\alpha_2\beta_1+47.67\alpha_1\alpha_2\beta_2-29.09\alpha_1\beta_2 \\
\qquad -4+11.61\alpha_1+11.63\alpha_2-30\alpha_1\alpha_2+44.55\alpha_2\beta_1\beta_2+11.28\beta_2-24.64\alpha_2\beta_2 \\
\qquad -27.19\beta_1\beta_2-28.04\alpha_2\beta_1+10.85\beta_1, \\
A_0 = 1+13.6\beta_1\beta_2+14.55\alpha_1\beta_1-44.19\beta_1\beta_2\alpha_1-45.57\alpha_1\alpha_2\beta_1+12.32\alpha_2\beta_2 \\
\qquad -3.617\beta_1-3.87\alpha_1-3.759\beta_2+14.02\alpha_2\beta_1+144.7\alpha_1\alpha_2\beta_1\beta_2 \\
\qquad -44.55\alpha_2\beta_1\beta_2-3.876\alpha_2+15\alpha_1\alpha_2+11.76\alpha_1\beta_1-47.67\alpha_1\alpha_2\beta_2.
\end{cases}
$$

$$（5\text{-}12）$$

根据 Jury 条件（Kashet，1992），均衡点 q_e 局部稳定的充分必要条件为（5-13）所示：

$$
\begin{cases}
1+A_1+A_2+A_3+A_0>0, \\
1-A_1+A_2-A_3+A_0>0, \\
1-A_0^2>0, \\
(1-A_0^2)^2-(A_3-A_1A_0)^2>0, \\
[(1-A_0^2)^2-(A_3-A_1A_0)^2]^2-[A_2(1-A_0)^3-(A_1-A_3A_0)(A_3-A_1A_0)]^2>0.
\end{cases}
$$

$$（5\text{-}13）$$

因此，满足（5-13）描述条件的集合 $(\alpha_1,\alpha_2,\beta_1,\beta_2)$ 为古诺纳什均衡点的稳定区域，在稳定区域中，任意的初始值经过有限次博弈将达到古诺纳什均衡点 q_e。固定一个参数 $\beta_2=0.34$，可以得到在空间 $(\alpha_1,\alpha_2,\beta_1)$ 上的局部稳定区域，如图 5-1 所示。同样，固定其他参数，我们还可以得到在 $(\alpha_1,\alpha_2,\beta_2)$ $(\alpha_1,\beta_1,\beta_2)$ 和 $(\alpha_2,\beta_1,\beta_2)$ 空间上的稳定区域，如图 5-2、5-3 和 5-4 所示。

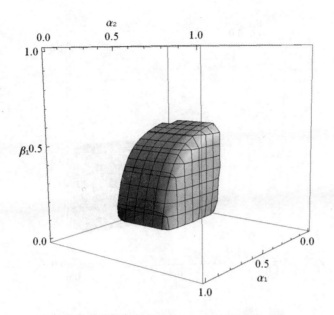

图 5-1　当 $\beta_2 = 0.34$ 时系统的局部稳定区域

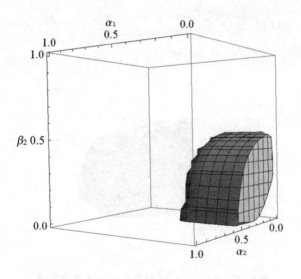

图 5-2　当 $\beta_1 = 0.34$ 时系统的局部稳定区域

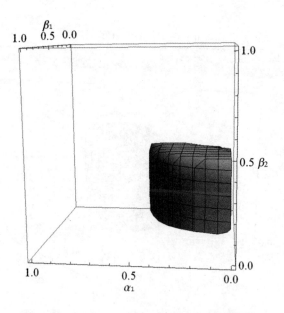

图 5-3   当 $\alpha_2 = 0.34$ 时系统的局部稳定区域

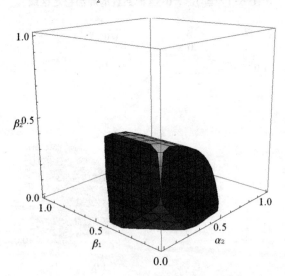

图 5-4   当 $\alpha_1 = 0.34$ 时系统的局部稳定区域

5.3　数值模拟

这一部分，将通过数值模拟方法研究两种不同的通向混沌的间歇道路。

5.3.1　周期波动及通向复杂波动的间歇道路

当 $k = 0.2, r = 1.6, \alpha_2 = \beta_1 = \beta_2 = 0.34$ 时，由图 5-5 可以看出，模型有唯一的一个纳什均衡点 $q_e = [q_{1a}(0.9926), q_{1b}(0.9667), q_{2a}(0.8818), q_{2b}(0.9103)]$，均衡点的值与 5.2 中的计算结果一致。当 α_1 值较小的时候，系统处于稳定状态；当 $\alpha_1 \in (0.2083, 0.5124)$ 时，动态产出开始变得不稳定，经过周期 2、周期 4、周期 8，然后系统进入混沌状态；如果 α_1 继续增加（ $\alpha_1 > 0.5124$ ），动态产出再次变得具有规律性；当 α_1 进一步增加（ $\alpha_1 > 0.53$ ），系统再次进入混沌状态。这种突然由混沌状态进入周期状态的现象叫作切分岔。在模型中，间歇混沌由切分岔引起。

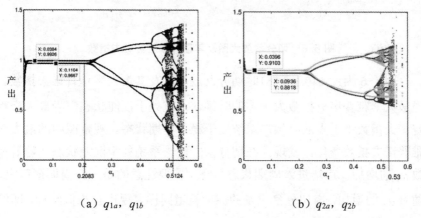

（a）q_{1a}，q_{1b}　　　　　　（b）q_{2a}，q_{2b}

图 5-5　当 $k = 0.2, r = 1.6, \alpha_2 = \beta_1 = \beta_2 = 0.34$ 时候分岔图

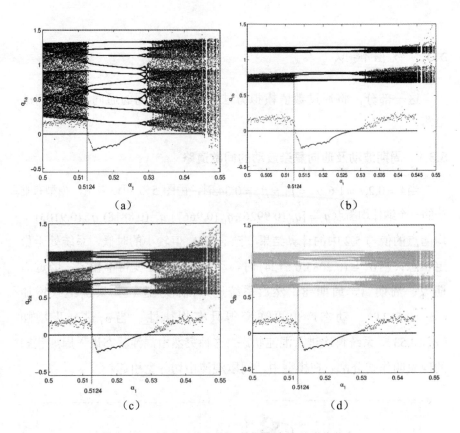

图 5-6　切分岔放大图及其最大李雅普诺夫指数

图 5-6 为 $\alpha_1 \in [0.5, 0.55]$ 时切分岔放大图及其最大李雅普诺夫指数。当最大李雅普诺夫指数大于零的时候，系统处于混沌状态；当最大李雅普诺夫指数小于零的时候，系统处于稳定周期状态。观察图中的最大李雅普诺夫指数变化，发现：在切分岔之前，系统处于混沌状态。随着参数 α_1 的增加，市场进入周期状态。特别需要注意的是，在周期窗口中，随着 α_1 的增加，由切分岔引发的周期轨道同样表现出自相似结构，即经由 Flip 分岔进入混沌状态（主分岔也是经由 Flip 分岔进入混沌状态）。同样，当产量调整参数 α_2，β_1 或者 β_2 变化时，系统也会表现出类似的特征，不再详述。

下面将详细分析参数在 $0.5 < \alpha_1 < 0.55$ 内的混沌特征。图 5 7（a）是

α_1=0.512 时的 q_{1a} 的时间序列图，此刻的 α_1 值略微小于切分岔点（切分岔点的 α_1 值为 α_1=0.5124）。此图显示了明显的间歇混沌的特征：长层状结构（Taisei，2004；Rodrigo and Erico，2005），即产量呈现规律性波动，并且不时被爆发的混沌行为打断。图 5-7（b）是 α_1=0.52 时的 q_{1a} 的时间序列，此时系统处于周期状态。图 5-8（a）和（b）为对应的相图。

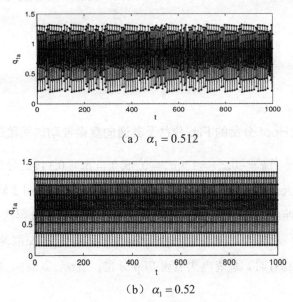

（a）$\alpha_1 = 0.512$

（b）$\alpha_1 = 0.52$

图 5-7　q_{1a} 的时间序列

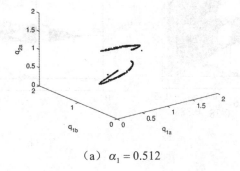

（a）$\alpha_1 = 0.512$

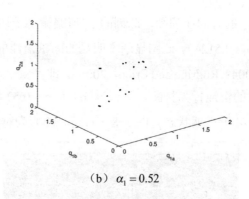

（b）$\alpha_1 = 0.52$

图 5-8　三维相图

5.3.2　包含 Hopf 分岔的 Flip 分岔及其通向复杂波动的间歇道路

图 5-9 是当 $k = -0.2, r = 1.5, \alpha_2 = 0.35, \beta_1 = \beta_2 = 0.348$ 的分岔图及其最大李雅普诺夫指数。当 $\alpha_1 \in [0.3, 0.3535)$ 时，系统经由周期 2 轨道和 Hopf 分岔进入混沌状态；当 $\alpha_1 > 0.3535$ 时，切分岔发生，系统再次进入周期 2 轨道；参数 α_1 继续增加，当 $\alpha_1 > 0.366$ 时，系统进入混沌状态；当 $\alpha_1 \in (0.38, 0.388)$ 时，系统再次展现 Flip 分岔；当 $\alpha_1 > 0.388$，系统进入混沌状态。

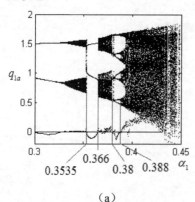

（a）

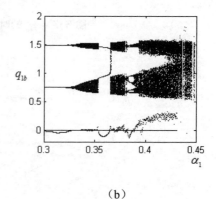

（b）

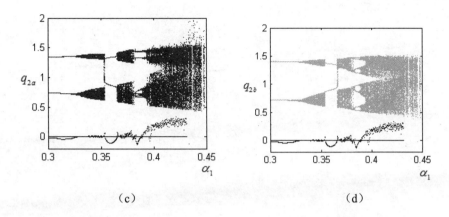

（c）　　　　　　　　　　　　　（d）

图 5-9　当 $k = -0.2, r = 1.5, \alpha_2 = 0.35, \beta_1 = \beta_2 = 0.348$ 时分岔图

当 $\alpha_1 = 0.353$ 时，q_{1a} 的时间序列表现出周期层状结构并且这种结构被随机爆发的混沌打破，如图 5-10（a）所示，此刻的 α_1 略微小于切分岔点（切分岔点为 $\alpha_1 = 0.3535$）。图 5-11（a）为这一时刻的系统相图。图 5-10（b）是 $\alpha_1 = 0.354$ 时的 q_{1a} 的时间序列图，此刻 α_1 值稍稍大于切分岔点 $\alpha_1 = 0.3535$。图 5-11（b）是此刻的相图。

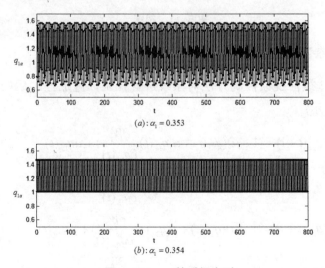

图 5-10　q_{1a} 的时间序列

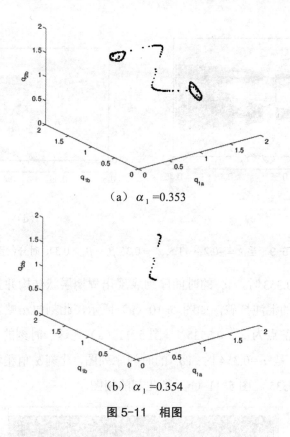

（a）$\alpha_1 = 0.353$

（b）$\alpha_1 = 0.354$

图 5-11　相图

5.3.3　复杂波动控制

使用非线性反馈控制方法对系统进行控制，施加控制后的模型如
（5-14）所示：

$$\begin{cases} q_{1a}(t+1) = (1-\mu)(q_{1a}(t) + \alpha_1 q_{1a}(t)\dfrac{\partial W_1}{\partial q_{1a}(t)}) + \mu q_{1a}(t) \\[3mm] q_{1b}(t+1) = (1-\mu)(q_{1b}(t) + \alpha_2 q_{1b}(t)\dfrac{\partial W_1}{\partial q_{1b}(t)}) + \mu q_{1b}(t) \\[3mm] q_{2a}(t+1) = (1-\mu)(q_{2a}(t) + \beta_1 q_{2a}(t)\dfrac{\partial W_2}{\partial q_{2a}(t)}) + \mu q_{2a}(t) \\[3mm] q_{2b}(t+1) = (1-\mu)(q_{2b}(t) + \beta_2 q_{2b}(t)\dfrac{\partial W_2}{\partial q_{2b}(t)}) + \mu q_{2b}(t), \end{cases} \quad (5\text{-}14)$$

即：

$$\begin{cases}
\begin{aligned}
q_{1a}(t+1) = & (1-\mu)\{q_{1a}(t)+\alpha_1 q_{1a}(t)[r_1(-2q_{1a}(t)+l_1-q_{2a}(t)-k(q_{1b}(t)+q_{2b}(t)) \\
& -kq_{1b}(t)-c_{1a}-2d_{1a}q_{1a}(t)-h_1q_{1b}(t)+\frac{f_1}{2q_{1a}^{1/2}(t)q_{1b}^{1/2}(t)})+(1-r_1) \\
& (-2q_{1a}(t)+l_1-k(q_{1b}(t)+q_{2b}(t))-kq_{1b}(t)-c_{1a}-2d_{1a}q_{1a}(t)-h_1q_{1b}(t) \\
& +\frac{f_1}{2q_{1a}^{1/2}(t)q_{1b}^{1/2}(t)}+kq_{2b}(t))]\}+\mu q_{1a}(t),
\end{aligned} \\[4pt]
\begin{aligned}
q_{1b}(t+1) = & (1-\mu)\{q_{1b}(t)+\alpha_2 q_{1b}(t)[r_1(-kq_{1a}(t)-2q_{1b}(t)+l_2-q_{2b}(t)-k(q_{1a}(t) \\
& +q_{2a}(t))-c_{1b}-2d_{1b}q_{1b}(t)-h_1q_{1a}(t)+\frac{f_1q_{1a}^{1/2}(t)}{2q_{1b}^{1/2}(t)})+(1-r_1)(-kq_{1a}(t) \\
& -2q_{1b}(t)+l_2-k(q_{1a}(t)+q_{2a}(t))-c_{1b}-2d_{1b}q_{1b}(t)-h_1q_{1a}(t)+\frac{f_1q_{1a}^{1/2}(t)}{2q_{1b}^{1/2}(t)} \\
& +kq_{2a}(t))]\}+\mu q_{1b}(t),
\end{aligned} \\[4pt]
\begin{aligned}
q_{2a}(t+1) = & (1-\mu)\{q_{2a}(t)+\beta_1 q_{2a}(t)[r_2(-2q_{2a}(t)+l_1-q_{1a}(t)-k(q_{1b}(t)+q_{2b}(t)) \\
& -kq_{2b}(t)-c_{2a}-2d_{2a}q_{2a}(t)-h_2q_{2b}(t)+\frac{f_2}{2q_{2a}^{1/2}(t)q_{2b}^{1/2}(t)})+(1-r_2) \\
& (-2q_{2a}(t)+l_1-k(q_{1b}(t)+q_{2b}(t))-kq_{2b}(t)-c_{2a}-2d_{2a}q_{2a}(t)-h_2q_{2b}(t) \\
& +\frac{f_2}{2q_{2a}^{1/2}(t)q_{2b}^{1/2}(t)}+kq_{1b}(t))]\}+\mu q_{2a}(t),
\end{aligned} \\[4pt]
\begin{aligned}
q_{2b}(t+1) = & (1-\mu)\{q_{2b}(t)+\beta_2 q_{2b}(t)[r_2(-kq_{2a}(t)-2q_{2b}(t)+l_2-q_{1b}(t)-k(q_{1a}(t) \\
& +q_{2a}(t))-c_{2b}-2d_{2b}q_{2b}(t)-h_2q_{2a}(t)+\frac{f_2q_{2a}^{1/2}(t)}{2q_{2b}^{1/2}(t)})+(1-r_2)(-kq_{2a}(t) \\
& -2q_{2b}(t)+l_2-k(q_{1a}(t)+q_{2a}(t))-c_{2b}-2d_{2b}q_{2b}(t)-h_2q_{2a}(t) \\
& +\frac{f_2q_{2a}^{1/2}(t)}{2q_{2b}^{1/2}(t)}+kq_{1a}(t))]\}+\mu q_{2b}(t).
\end{aligned}
\end{cases}$$

$$(5-15)$$

其中，μ 为控制参数。由图 5-12 可以看出，随着控制参数 μ 的增加，市场可以被控制到稳定状态。取 $\mu=0.3$，此时系统的分岔情况为图 5-13 所示，对比图 5-5 与 5-13，可知非线性反馈控制方法能够取得较好的控制效果，系统能够被控制到稳定状态，稳定的市场环境更利于企业准确预测市场变化。

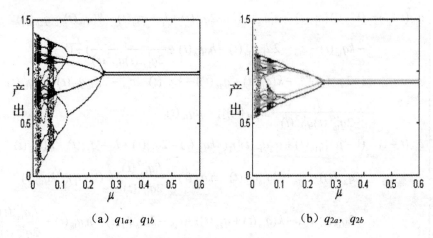

（a）q_{1a}, q_{1b} （b）q_{2a}, q_{2b}

图 5-12 添加控制之后的系统分岔图 $k = 0.2, r = 1.6, \alpha_2 = \beta_1 = \beta_2 = 0.34$

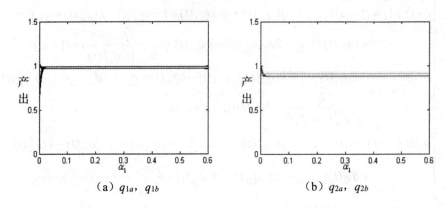

（a）q_{1a}, q_{1b} （b）q_{2a}, q_{2b}

图 5-13 $\mu = 0.3$ $k = 0.2, r = 1.6, \alpha_2 = \beta_1 = \beta_2 = 0.34$ **时的系统分岔图**

5.4 本章小结

　　本章构建了一个基于委托代理的多产品双寡头动态产出模型。分析了古诺纳什均衡点及其稳定性。研究发现模型的混沌行为以间歇混沌为特征，并且间歇混沌由切分岔引起。通过实验，发现系统中存在两种通向混沌的间歇道路：

（1）Flip 分岔及其间歇道路；

（2）蕴含 Hopf 分岔的 Flip 分岔及其间歇道路。

这意味着在市场上，产出在强烈波动和微弱波动之间随机切换，表现在实践中，即为剧烈的产出波动不断扰乱寡头市场，这将导致生产者和整个市场的巨大经济损失。我们发现，不恰当的产出调整速度会使产出市场变得更加易受波动风险的攻击。此研究为企业和政府决策提供了有意义的参考。

第六章 附生供求型市场的复杂动态

附生关系是生态学中的概念，附生关系在供应链中也很常见。例如，床上用品清洁企业附生于酒店。在本研究中，我们将研究一个具有多产品结构的附生供应链。着重分析以下问题：

- 附生结构对市场均衡的影响是什么？
- 博弈模型中，附生与多产品的关系及导致的复杂结果是什么？
- 是否有有效的方法控制供应链？

为了解决这些问题，我们构建了一个具有两个参与者的附生多产品博弈模型。

6.1 关于附生供求的多产品竞争模型

考虑由两个制造商组成的供应链，企业 1 和 2。企业 1 进行产量竞争，并做出产量决策，这会对企业 2 产生影响。企业 2 的生产决策取决于企业 1，但并不是反之亦然。将企业 1 称为主链企业，企业 2 称为附生企业。每个企业都垄断其产品市场，其目标是利润最大化。它们都是多产品企业，同时生产两种产品。

6.1.1 变量声明

（1）q_{ij} 是企业 i 关于产品 j 的产量，$i = 1,2; j = a,b,c,d$。q_{2c} 附生于产品 q_{1a}，q_{2d} 附生于产品 q_{1b}。

（2）p_{ij} 是产品的逆需求函数，$p_{ij} = l_j - q_{ij} - d_i q_{ij}$，$d_i$ 代表企业 i 中多产品之间的替代水平，$d_i \in (0,1)$，$1 - d_i$ 为产品差异化的程度。在模型中 a 与 b（c 与 d）的关系为互补（替代），c 与 a（d 与 b）的关系为附生。

（3）$Cost_i$ 为企业 i 中于时间 t 的多产品成本函数。

$$Cost_i = k_i + s_i + \{q_{ij}c_i + q_{ij}[c_i + r_i(1-d_i)]\}, i = 1,2 \quad (6\text{-}1)$$

即：

$$
\begin{aligned}
Cost_1 &= k_1 + s_1 + \{q_{1a}c_1 + q_{1b}[c_1 + r_1(1-d_1)]\}, \\
Cost_2 &= k_2 + s_2 + \{q_{2c}c_2 + q_{2d}[c_2 + r_2(1-d_2)]\}.
\end{aligned}
\quad (6\text{-}2)
$$

对公式（6-1）的解释如下：

● 所有参数 k_i，s_i，c_i 和 r_i，都为非负；

● 在生产多产品的过程中，基本产品的成本是 k_i，c_i 是基本产品的边际成本，企业 1 的基本产品为产品 a，企业 2 的基本产品为产品 c；

● 当企业通过柔性制造技术生产另一类产品时，转化成本为 s_i，一单位新产品的边际成本为 $[c_i + r_i(1-d_i)]$，$r_i(1-d_i)$，为改变产品需要的新增成本，基本产品和新产品的差异性越大，新增成本越大。

（4）企业 i 的利润为：

$$\prod_i = \sum_{j=a,b}^{c,d} (p_{ij}q_{ij} - Cost_i), \quad i = 1,2 \quad (6\text{-}3)$$

6.1.2　模型

基于上述假设和变量声明，每个企业在 t 期的利润如公式（6-4）所示：

$$
\begin{cases}
\dfrac{\partial \Pi_1}{\partial q_{1a}} = -2q_{1a} + l_1 - 2d_1 q_{1b} - c_1, \\[2mm]
\dfrac{\partial \Pi_1}{\partial q_{1b}} = -2d_1 q_{1a} - 2q_{1b} + l_2 - c_1 - r_1(1-d_1), \\[2mm]
\dfrac{\partial \Pi_2}{\partial q_{2c}} = -2q_{2c} + l_3 - 2d_2 q_{2d} - c_2, \\[2mm]
\dfrac{\partial \Pi_2}{\partial q_{2d}} = -2d_2 q_{2c} - 2q_{2d} + l_4 - c_2 - r_2(1-d_2).
\end{cases}
\quad (6\text{-}4)
$$

基于有限理性，企业以边际利润最大化为调整产出的目标，竞争模型的动态产出调整模型如公式（6-5）所示：

$$\begin{cases} q_{1a}^{'} = q_{1a} + \alpha_1 q_{1a} \dfrac{\partial \Pi_1}{\partial q_{1a}}, \\[2mm] q_{1b}^{'} = q_{1b} + \beta_1 q_{1b} \dfrac{\partial \Pi_1}{\partial q_{1b}}, \\[2mm] q_{2c}^{'} = q_{2c} + \varepsilon_2 q_{1a} \dfrac{\partial \Pi_2}{\partial q_{2c}}, \\[2mm] q_{2d}^{'} = q_{2d} + \sigma_2 q_{1b} \dfrac{\partial \Pi_2}{\partial q_{2d}}. \end{cases} \qquad (6\text{-}5)$$

$q_{ij}^{'}$ 为 q_{ij} 的下一期产出，α_1，β_1，ε_2，σ_2 是产出调整参数。$\alpha_1 q_{1a}$ 为 q_{1a} 的产出调整速度。特别需要注意的是，产品 c 附生于产品 a，产品 d 附生于产品 b。由于上述附生关系，企业 2 的生产决策依赖于企业 1 的产量决策，因此，在公式（6-5）中，$q_{2c}^{'} = q_{2c} + \varepsilon_2 q_{1a} \dfrac{\partial \Pi_2}{\partial q_{2c}}$ 且 $q_{2d}^{'} = q_{2d} + \sigma_2 q_{1b} \dfrac{\partial \Pi_2}{\partial q_{2d}}$。

因此，动态竞争模型用如下四维离散方程（6-6）表示：

$$\begin{cases} q_{1a}^{'} = q_{1a} + \alpha_1 q_{1a}[-2q_{1a} + l_1 - 2d_1 q_{1b} - c_1], \\ q_{1b}^{'} = q_{1b} + \beta_1 q_{1b}[-2d_1 q_{1a} - 2q_{1b} + l_2 - c_1 - r_1(1-d_1)], \\ q_{2c}^{'} = q_{2c} + \varepsilon_2 q_{1a}(-2q_{2c} + l_3 - 2d_2 q_{2d} - c_2), \\ q_{2d}^{'} = q_{2d} + \sigma_2 q_{1b}[-2d_2 q_{2c} - 2q_{2d} + l_4 - c_2 - r_2(1-d_2)]. \end{cases} \qquad (6\text{-}6)$$

6.2　市场的稳定性

通过计算 $q_{ij}^{'} = q_{ij}$，即 $\begin{cases} q_{1a} \dfrac{\partial \Pi_1}{\partial q_{1a}} = 0, \\[2mm] q_{1b} \dfrac{\partial \Pi_1}{\partial q_{1b}} = 0, \\[2mm] q_{1a} \dfrac{\partial \Pi_1}{\partial q_{2c}} = 0, \\[2mm] q_{1b} \dfrac{\partial \Pi_1}{\partial q_{2d}} = 0. \end{cases}$，我们能够得到 4 个解：

$E_1(0,0,q_{2c},q_{2d})$，$E_2(q_{1a},0,q_{2c},q_{2d})$，$E_3(0,q_{1b},q_{2c},q_{2d})$，$E_4(q_{1a},q_{1b},q_{2c},q_{2d})$。

其中，

$$q_{1a} = \frac{l_1 - d_1 l_2 + d_1 c_1 + r_1 d_1 - r_1 d_1^2 - c_1}{2(1-d_1^2)},$$

$$q_{1b} = \frac{l_2 - c_1 - r_1 + r_1 d_1 - d_1 l_1 + d_1 c_1}{2(1-d_1^2)},$$

$$q_{2c} = \frac{l_3 - d_2 l_4 + d_2 c_2 + r_2 d_2 - r_2 d_2^2 - c_2}{2(1-d_1^2)},$$ （6-7）

$$q_{2d} = \frac{l_4 - c_2 - r_2 + r_2 d_2 - d_2 l_3 + d_2 c_2}{2(1-d_1^2)}.$$

通过计算方程（6-6）的雅克比矩阵及雅克比矩阵的特征值能够分析上述均衡点的稳定性。特征方程为：

$$f(\lambda) = \lambda^4 + A_1 \lambda^3 + A_2 \lambda^2 + A_3 \lambda + A_0 = 0 \qquad (6-8)$$

通过 Jury 条件，可以得到局部稳定域的充分必要条件：

$$\begin{cases} 1 + A_1 + A_2 + A_3 + A_0 > 0, \\ 1 - A_1 + A_2 - A_3 + A_0 > 0, \\ 1 - A_0^2 > 0, \\ (1-A_0^2)^2 - (A_3 - A_1 A_0)^2 > 0, \\ [(1-A_0^2)^2 - (A_3 - A_1 A_0)^2]^2 - [A_2(1-A_0)^3 - (A_1 - A_3 A_0)(A_3 - A_1 A_0)]^2 > 0. \end{cases}$$

（6-9）

方程组（6-9）表示的区域是一个由参数 α_1，β_1，ε_2，σ_2 组成的范围，这就是均衡点的稳定域，其中，

$$\begin{aligned} A_1 =\ & (2\beta_1 d_1 q_{1a} - a a_1 l_1 + 2\alpha_1 d_1 q_{1b} + 4\beta_1 q_{1b} + 2\varepsilon_2 q_{1a} - \beta_1 r_1 d_1 - 3 + \beta_1 c_1 \\ & + \alpha_1 c_1 - \beta_1 l_2 + 4\alpha_1 q_{1a} + \beta_1 r_1) \end{aligned}$$

（6-10）

$$A_2 = (3 - 8\alpha_1 q_{1a} - 8\beta_1 q_{1b} - 4\varepsilon_2 q_{1a} - 4\alpha_1 d_1 q_{1b} + 8\alpha_1 q_{1a}{}^2 \beta_1 d_1 - 4\alpha_1 q_{1a} \beta_1 l_2$$
$$+ 4\alpha_1 q_{1a} \beta_1 c_1 + 4\alpha_1 q_{1a} \beta_1 r_1 + 16\alpha_1 q_{1a} \beta_1 q_{1b} + \alpha_1 l_1 \beta_1 l_2 - \alpha_1 l_1 \beta_1 c_1 - \alpha_1 l_1 \beta_1 r_1$$
$$- 4\alpha_1 l_1 \beta_1 q_{1b} + 8\alpha_1 d_1 q_{1b}{}^2 \beta_1 - \alpha_1 c_1 \beta_1 l_2 + \alpha_1 c_1 \beta_1 r_1 + 4\alpha_1 c_1 \beta_1 q_{1b} + 8\beta_1 q_{1b} cc_2 q_{1a}$$
$$- 2\alpha_1 l_1 cc_2 q_{1a} + 2\alpha_1 c_1 cc_2 q_{1a} - 2\beta_1 l_2 cc_2 q_{1a} + 2\beta_1 c_1 cc_2 q_{1a} + 2\beta_1 r_1 cc_2 q_{1a}$$
$$+ 4\beta_1 d_1 q_{1a}{}^2 cc_2 + 2\alpha_1 l_1 - 2\alpha_1 c_1 + 2\beta_1 l_2 - 2\beta_1 c_1 - 2\beta_1 r_1 - 4\beta_1 d_1 q_{1a} + 2\beta_1 r_1 d_1$$
$$+ \alpha_1 c_1{}^2 \beta_1 + 8\alpha_1 q_{1a}{}^2 cc_2 - 4\alpha_1 q_{1a} \beta_1 r_1 d_1 - 2\alpha_1 l_1 \beta_1 d_1 q_{1a} + \alpha_1 l_1 \beta_1 r_1 d_1$$
$$+ 4\alpha_1 d_1{}^2 q_{1b} \beta_1 q_{1a} - 2\alpha_1 d_1 q_{1b} \beta_1 l_2 + 2\alpha_1 d_1 q_{1b} \beta_1 c_1 + 2\alpha_1 d_1 q_{1b} \beta_1 r_1$$
$$- 2\alpha_1 d_1{}^2 q_{1b} \beta_1 r_1 + 2\alpha_1 c_1 \beta_1 d_1 q_{1a} - \alpha_1 c_1 \beta_1 r_1 d_1 + 4\alpha_1 d_1 q_{1b} cc_2 q_{1a}$$
$$- 2\beta_1 r_1 d_1 cc_2 q_{1a})$$

$$(6\text{-}11)$$

$$A_3 = (-1 + 4\alpha_1 q_{1a} + 4\beta_1 q_{1b} + 2\varepsilon_2 q_{1a} + 2\alpha_1 d_1 q_{1b} - 8\alpha_1 q_{1a}{}^2 \beta_1 d_1 + 4\alpha_1 q_{1a} \beta_1 l_2$$
$$- 4\alpha_1 q_{1a} \beta_1 c_1 - 4\alpha_1 q_{1a} \beta_1 r_1 - 16\alpha_1 q_{1a} \beta_1 q_{1b} - \alpha_1 l_1 \beta_1 l_2 + \alpha_1 l_1 \beta_1 c_1 + \alpha_1 l_1 \beta_1 r_1$$
$$+ 4\alpha_1 l_1 \beta_1 q_{1b} - 8\alpha_1 d_1 q_{1b}{}^2 \beta_1 + \alpha_1 c_1 \beta_1 l_2 - \alpha_1 c_1 \beta_1 r_1 - 4\alpha_1 c_1 \beta_1 q_{1b} - 8\beta_1 q_{1b} \varepsilon_2 q_{1a}$$
$$+ 2\alpha_1 l_1 \varepsilon_2 q_{1a} - 2\alpha_1 c_1 \varepsilon_2 q_{1a} + 2\beta_1 l_2 \varepsilon_2 q_{1a} - 2\beta_1 c_1 \varepsilon_2 q_{1a} - 2\beta_1 r_1 \varepsilon_2 q_{1a} - 4\beta_1 d_1 q_{1a}{}^2 \varepsilon_2$$
$$- \alpha_1 l_1 + \alpha_1 c_1 - \beta_1 l_2 + \beta_1 c_1 + \beta_1 r_1 + 2\beta_1 d_1 q_{1a} - \beta_1 r_1 d_1 - \alpha_1 c_1{}^2 \beta_1 - 8\alpha_1 q_{1a}{}^2 \varepsilon_2$$
$$+ 4\alpha_1 q_{1a} \beta_1 r_1 d_1 + 2\alpha_1 l_1 \beta_1 d_1 q_{1a} - \alpha_1 l_1 \beta_1 r_1 d_1 - 4\alpha_1 d_1{}^2 q_{1b} \beta_1 q_{1a} + 2\alpha_1 d_1 q_{1b} \beta_1 l_2$$
$$- 2\alpha_1 d_1 q_1 b \beta_1 c_1 - 2\alpha_1 d_1 q_{1b} \beta_1 r_1 + 2\alpha_1 d_1{}^2 q_{1b} \beta_1 r_1 - 2\alpha_1 c_1 \beta_1 d_1 q_{1a} + \alpha_1 c_1 \beta_1 r_1 d_1$$
$$- 4\alpha_1 d_1 q_{1b} \varepsilon_2 q_{1a} + 16\alpha_1 q_{1a}{}^3 \beta_1 d_1 \varepsilon_2 - 8\alpha_1 q_{1a}{}^2 \beta_1 l_2 \varepsilon_2 + 8\alpha_1 q_{1a}{}^2 \beta_1 c_1 \varepsilon_2$$
$$+ 8\alpha_1 q_{1a}{}^2 \beta_1 r_1 \varepsilon_2 + 32\alpha_1 q_{1a}{}^2 \beta_1 q_{1b} \varepsilon_2 + 2\alpha_1 l_1 \beta_1 l_2 \varepsilon_2 q_{1a} - 2\alpha_1 l_1 \beta_1 c_1 \varepsilon_2 q_{1a}$$
$$- 2\alpha_1 l_1 \beta_1 r_1 \varepsilon_2 q_{1a} - 8\alpha_1 l_1 \beta_1 q_{1b} \varepsilon_2 q_{1a} + 16 a\alpha_1 d_1 q_{1b}{}^2 \beta_1 \varepsilon_2 q_{1a} - 2\alpha_1 c_1 \beta_1 l_2 \varepsilon_2 q_{1a}$$
$$+ 2\alpha_1 c_1 \beta_1 r_1 \varepsilon_2 q_{1a} + 8\alpha_1 c_1 \beta_1 q_{1b} \varepsilon_2 q_{1a} + 2\beta_1 r_1 d_1 \varepsilon_2 q_{1a} + 2\alpha_1 c_1{}^2 \beta_1 \varepsilon_2 q_{1a}$$
$$- 8\alpha_1 q_{1a}{}^2 \beta_1 r_1 d_1 \varepsilon_2 - 4\alpha_1 l_1 \beta_1 d_1 q_{1a}{}^2 \varepsilon_2 + 2\alpha_1 l_1 \beta_1 r_1 d_1 \varepsilon_2 q_{1a} + 8\alpha_1 d_1{}^2 q_{1b} \beta_1 q_{1a}{}^2 \varepsilon_2$$
$$- 4\alpha_1 d_1 q_{1b} \beta_1 l_2 \varepsilon_2 q_{1a} + 4\alpha_1 d_1 q_{1b} \beta_1 c_1 \varepsilon_2 q_{1a} + 4\alpha_1 d_1 q_{1b} \beta_1 r_1 \varepsilon_2 q_{1a}$$
$$- 4\alpha_1 d_1{}^2 q_{1b} \beta_1 r_1 \varepsilon_2 q_{1a} + 4\alpha_1 c_1 \beta_1 d_1 q_{1a}{}^2 \varepsilon_2 - 2\alpha_1 c_1 \beta_1 r_1 d_1 \varepsilon_2 q_{1a})$$

$$(6\text{-}12)$$
$$A_0 = 0 \qquad (6\text{-}13)$$

6.3 仿真模拟

在（6-10）、（6-11）、（6-12）中，A_1, A_2, A_3 的表达式是复杂的。通过

解析方法很难分析如此庞大的数学表达，不得不求助于数值仿真模拟来描述均衡的稳定域。设置参数为：

$d_1=0.5$，$d_2=0.5$；$k_1=1$，$k_2=1$，$c_1=0.1$，$c_2=0.1$，$r_1=0.5$，$r_2=0.5$，$s_1=0.1$，$s_2=0.1$，$l_1=6$，$l_2=6$，$l_3=6$，$l_4=6$。均衡点的稳定域如图 6-1 所示。

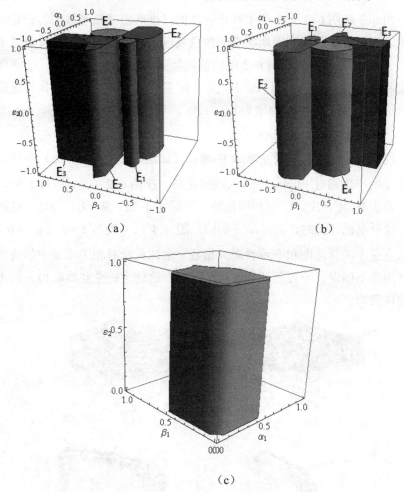

图 6-1　当 $\sigma_2=0.3$ 时 4 个均衡点的稳定域

从图 6-1 可以看出，只有均衡点 E_4 的稳定域处于正参数区域，在生产实践中，产出调整速度是非负的 $\alpha_1>0,\beta_1>0,\varepsilon_2>0$，才有实际意义。

因此，下一步只考虑均衡点 E_4 的演化特征。

6.4   主链企业产出调整速度变化对供求市场的影响

图 6-2 和图 6-3 为企业 1 和企业 2 的三维产出调整参数图。稳定与混沌之间的过渡区域为周期状态。白色表示系统溢出（溢出意味着竞争者之一退出竞争市场）。图 6-2 中的黑色箭头 A，A'，B，C，B'，C'和图 6-3 中的黑色箭头 E，E'，F，H，F'，H'意味着主链企业产出调整速度的增加（即参数 α_1 和 β_1 的增加）。

（1）对主链企业的影响

我们发现，随着参数 α_1 和 β_1 的增长〔如图 6-2（a）和（b）所示〕，企业 1 的产出通过 Flip 分岔进入混沌状态。在图 6-2（c）和（d）中，黑色箭头 B，C，B'，C'有相同的特征。图 6-4（a）和（b）为这一过程的三维分岔图（此时，$\varepsilon_2 = \sigma_2 = 0.3$）。图 6-4（c）为当 $\beta_1 = \varepsilon_2 = \sigma_2 = 0.3$ 时，企业 1 的分岔图和李雅普诺夫指数。混沌意味着相关市场中的价格和产出是不确定、不可预测和不可重复的。这使主链企业面临巨大的不确定性风险。

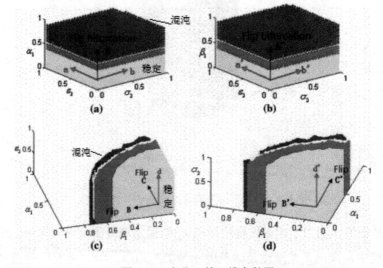

图 6-2   企业 1 的三维参数图

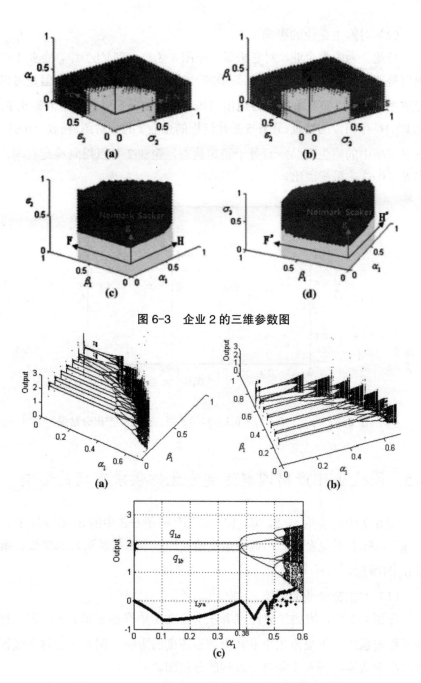

图 6-3　企业 2 的三维参数图

图 6-4　企业 1 的产出分岔图和最大李雅普诺夫指数

（2）对附生企业的影响

企业 2 为附生企业，对它来说，在图 6-3（a）和（b）中，企业 1 产出调整速度的增加（即 α_1 和 β_1 的增加），不能导致 Flip 分岔，但是可以导致系统溢出，即竞争的一方退出市场。图 6-3（c）和（d）中的箭头 F，H，F'，H' 有相似的特征。图 6-5 是此过程的企业 2 的分岔图，当 $\beta_1 < 0.63$，竞争市场中的附生产品一直处于稳定状态，企业 2 可以得到稳定利润。当 $\beta_1 > 0.63$，系统溢出。

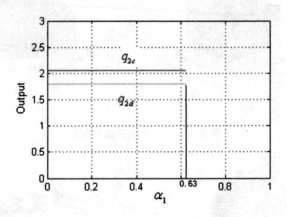

图 6-5   当 $\beta_1 = 0.3, \varepsilon_2 = 0.3, \sigma_2 = 0.3$ 时，企业 2 产出分岔图

6.5   附生企业产出调整速度变化对供求市场的影响

图 6-2 中的箭头 a，b，a'，b'，d，d' 和图 6-3 中的 e，f，e'，f'，g，g' 意味着附生企业产出调整速度的增加。即这些箭头表示参数 ε_2 或者 σ_2 的增加。

（1）对主链企业的影响

在图 6-2 中，增加参数 ε_2 或者 σ_2，企业 1 中产品 a 和 b 的产出一直处于稳定状态，不受附生企业产出调整速度的影响。图 6-6 是这一过程的二维参数基，图 6-7 是这一过程的分岔图。

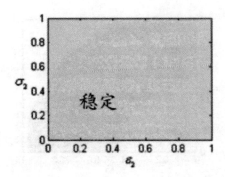

图 6-6 当 $\alpha_1 = 0.3, \beta_1 = 0.3$ 时，企业 1 的二维参数图

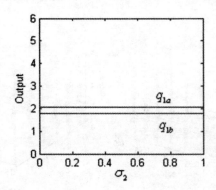

图 6-7 当 $\alpha_1, \beta_1, \varepsilon_2 = 0.3$ 时，企业 1 的产出二维分岔图

（2）对附生企业的影响

在图 6-3 中，随着参数 ε_2 或者 σ_2 的增长，企业 2 中产品 c 和产品 d 的产出进入混沌状态，如箭头 e，f，g，e'，f'，g' 所示。图 6-8 和图 6-9 显示了这种趋势。图 6-10 是图 6-9（c）的放大图及李雅普诺夫指数。可以看出，随着附生企业产出调整速度的增加，附生企业产出会通过尼玛克-萨克尔分岔进入混沌状态。

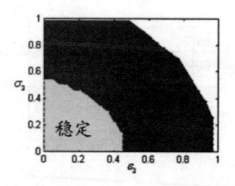

图 6-8　企业 2 的二维参数图（$\alpha_1 = \beta_1 = 0.3$）

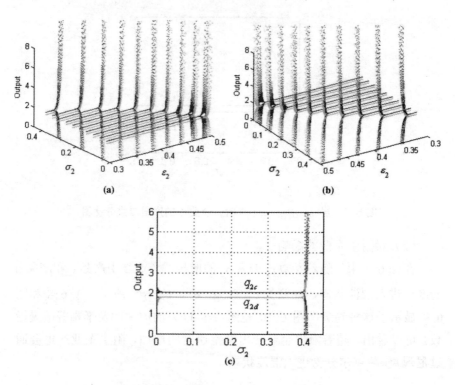

图 6-9　企业 2 的产出分岔图（$\alpha_1 = \beta_1 = 0.3$）

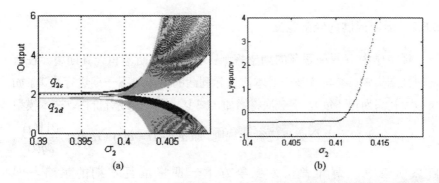

图 6-10 图 6-9 的局部放大产出图及李雅普诺夫指数

6.6 复杂波动控制

混沌在经济系统中意味着随机、无序、不确定和初值敏感性。混沌波动很难通过模式识别、机器学习、统计等方法预测。不可预知的剧烈波动使企业面临巨大风险。市场风险的早期预警、规避和控制是政府和投资机构的目标。混沌控制具有重要的现实意义。下文将使用非线性反馈方法对本模型的复杂动态行为进行控制。

6.6.1 非线性反馈

非线性反馈方法简单、有效。经此方法控制后的模型见方程（6-14），其中 z_1, z_2, z_3 和 z_4 为控制参数。

$$
\begin{cases}
q_{1a}^{'} = q_{1a} + \alpha_1 q_{1a} \dfrac{\partial \Pi_1}{\partial q_{1a}}, \\[2mm]
q_{1b}^{'} = q_{1b} + \beta_1 q_{1b} \dfrac{\partial \Pi_1}{\partial q_{1b}}, \\[2mm]
q_{2c}^{'} = q_{2c} + \varepsilon_2 q_{1a} \dfrac{\partial \Pi_2}{\partial q_{2c}}, \\[2mm]
q_{2d}^{'} = q_{2d} + \sigma_2 q_{1b} \dfrac{\partial \Pi_2}{\partial q_{2d}}.
\end{cases}
\Rightarrow
\begin{cases}
q_{1a}^{'} = (1-z_1)(q_{1a} + \alpha_1 q_{1a} \dfrac{\partial \Pi_1}{\partial q_{1a}}) + z_1 q_{1a}, \\[2mm]
q_{1b}^{'} = (1-z_2)(q_{1b} + \beta_1 q_{1b} \dfrac{\partial \Pi_1}{\partial q_{1b}}) + z_2 q_{1b}, \\[2mm]
q_{2c}^{'} = (1-z_3)(q_{2c} + \varepsilon_2 q_{1a} \dfrac{\partial \Pi_2}{\partial q_{2c}}) + z_3 q_{2c}, \\[2mm]
q_{2d}^{'} = (1-z_4)(q_{2d} + \sigma_2 q_{1b} \dfrac{\partial \Pi_2}{\partial q_{2d}}) + z_4 q_{2d}.
\end{cases}
$$

$$(6\text{-}14)$$

6.6.2　混沌控制的经济意义

经济学中有两种著名的期望规则：有限理性期望和天真期望。在有限理性期望中，参与者基于对本次边际利润的估计对下一期进行决策。如果边际利润为正（负），下一次将增加（减少）其产出或者价格。在本模型中，主链企业和附生企业也遵循此规则，即 $q(t+1) = q(t) + \alpha\ q(t)\ \dfrac{\partial \prod(t)}{\partial q(t)}$。

自然期望中，博弈者认为竞争方下一期将重复本期的策略，即 $q(t+1) = q(t)$。在混合期望规则中，期望策略被看作有限理性期望和天真期望的加权平均值。如公式（6-15）所示：

$$M(t+1) = (1-z)[q(t) + \alpha q(t)\frac{\partial \prod(t)}{\partial q(t)}] + zq(t) \qquad (6\text{-}15)$$

$z(0 \leq z \leq 1)$ 为权重系数，当 $z = 1$，方程（6-15）表示天真期望；当 $z = 0$，方程（6-15）为有限理性期望。

此模型的混合期望策略如方程组（6-16）所示：

$$\begin{cases} q'_{1a} = (1-z_1)\left\{q_{1a} + \alpha_1 q_{1a}\left[-2q_{1a} + l_1 - 2d_1 q_{1b} - c_1\right]\right\} + z_1 q_{1a}, \\ q'_{1b} = (1-z_2)\left\{q_{1b} + \beta_1 q_{1b}\left[-2d_1 q_{1a} - 2q_{1b} + l_2 - c_1 - r_1(1-d_1)\right]\right\} \\ \qquad + z_2 q_{1b}, \\ q'_{2c} = (1-z_3)\left\{q_{2c} + \varepsilon_2 q_{1a}\left[-2q_{2c} + l_3 - 2d_2 q_{2d} - c_2\right]\right\} + z_3 q_{2c}, \\ q'_{2d} = (1-z_4)\left\{q_{2d} + \sigma_2 q_{1b}\left[-2d_2 q_{2c} - 2q_{2d} + l_4 - c_2 - r_2(1-d_2)\right]\right\} \\ \qquad + z_4 q_{2d}. \end{cases}$$

$$(6\text{-}16)$$

观察方程组（6-16）之后，发现非线性反馈控制方法是有限理性期望和天真期望的加权和。

6.6.3　混沌控制的仿真

本部分对仿真进行数值模拟，为了方便，设定参数 $z = z_1 = z_2 = z_3 = z_4$。将 z 分别设定为 0.4，0.6，0.8，如图 6-11（a）（b）（c）所示。我们发现稳定域越来越大，因此市场对产出调整速度的敏感程度越来越弱。在图

6-11（c）中，主链企业快速的产出调整速度已经不能引起市场波动，此时 $z = 0.8$。

图 6-12 是当 $z = 0.3$ 和 0.6 时，控制后的附生产品市场，我们发现，随着控制参数的增加，稳定域越来越大，当控制参数 $z = 0.6$ 时，整个市场被控制在稳定状态。

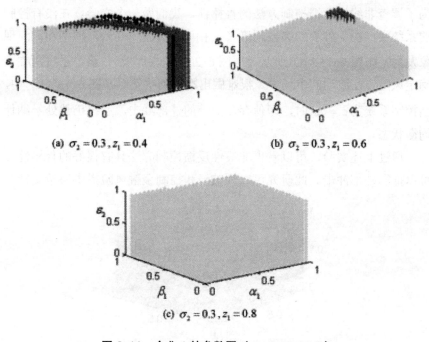

(a) $\sigma_2 = 0.3, z_1 = 0.4$　　　　(b) $\sigma_2 = 0.3, z_1 = 0.6$

(c) $\sigma_2 = 0.3, z_1 = 0.8$

图 6-11　企业 1 的参数图（$z = 0.4, 0.6, 0.8$）

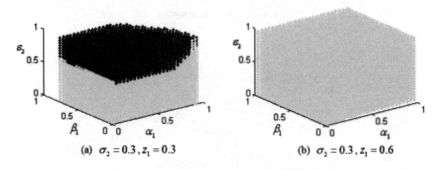

(a) $\sigma_2 = 0.3, z_1 = 0.3$　　　　(b) $\sigma_2 = 0.3, z_1 = 0.6$

图 6-12　企业 2 的三维参数图（$z = 0.3, 0.6$）

6.6.4　非线性反馈控制方法的强健性

上述分析得出主链企业和附生企业产出调整速度的变化能够引发相关市场的混沌波动。在经济实践中，很多随机或突发因素能导致系统失去稳定性，例如自然环境突变、政府决策变化、供求变化或经济危机。为了调查非线性反馈控制方法的鲁棒性，我们做一个实验。在没有控制的系统中，由于外界的突发因素（α_1 由 0.3 增加到 0.5），周期和混沌现象发生，如图 6-13（a）所示〔与图 6-2（b）相比较〕，整个系统面临不确定风险。在波动的市场中，很难做出准确的决策。在图 6-13（b）中，当控制系统为 $z = 0.8$ 时，即使存在同等的外部冲击，系统仍然处于纳什均衡状态。

通过上述实验，可以看出非线性反馈控制方法具有很好的鲁棒性，可以抵御外部冲击。此研究可以为减轻和控制金融风险提供决策支持。

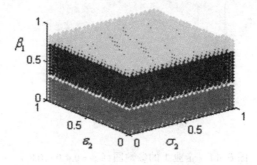

(a)当 $\alpha_1 = 0.5$ 时，未施加控制的系统

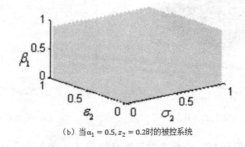

(b) 当 $\alpha_1 = 0.5, z_2 = 0.2$ 时的被控系统

图 6-13　无控制及施加控制后的企业 1 的三维参数图

第七章　考虑技术生命周期的车联网传感器市场复杂波动特征及控制策略

　　智能网联汽车（intelligent connected vehicle，ICV）搭载先进的车载传感器、控制器、执行器、现代通信和网络技术，实现智能信息传输和共享（信息包括人、车、路等环境信息），保障行车安全，实现舒适、节能、高效驾驶。如果车辆的智能系统在事故发生前 1.5 秒向驾驶员发出警报，则可以避免 90% 的事故（Maurer，2012）。美国（美国 2016 自动驾驶政策指南）、日本（2025 完全自动驾驶的目标）和中国（"中国制造2025" 将 ICV 视为国家战略之一）将发展智能网联汽车作为实现智能交通的重要战略。车辆传感器是 ICV 的关键部件。快速的技术更新和多传感器数据融合导致复杂的市场特征，如市场剧烈波动（Comin et al.，2009）。当前各家互联网企业凭借自身优势进入汽车领域，以各种方式占领市场，这也加剧了市场竞争的复杂性。智能网联汽车传感器的市场波动机制是智能交通产业值得研究的问题。与之相关的问题包括：技术更新和政策协调，多传感器融合。

　　技术更新和政策协调。制度经济学认为政策激励是经济改善的主要因素（Wagle，2007）。传感器的核心部件是芯片，快速的技术更新使得芯片价格剧烈波动。由于频繁的技术创新，相同的传感器芯片的价格大约每 18 个月下降一半，集成电路中的组件数量以相同的价格增加一倍（Geraci，2013；Xiu，2019）。随着技术更新速度的加快，智能网联汽车传感器市场的复杂特征逐渐显现。政策激励能否与技术更新相协调？事实上，许多产业政策跟不上技术发展的步伐。政策协同对智能网联汽车的发展至关重要。

　　多传感器融合。目前，车辆传感器主要包括图像传感器、雷达传感器和激光传感器。以上三种传感器可用于感知外部环境信息。但是依靠一种传感器很难满足安全可靠的自动驾驶要求，尤其在交通繁忙的情况下。如表 7-1 所示，每种类型的传感器都有其各自的优点和局限性。

表 7-1　多种传感器的特征

传感器类型	优点	缺点
图像传感器	低成本	能见度有限 易受天气和光线影响
雷达传感器	检测距离远 高分辨率 全天候适应	狭窄的视野 行人检测困难
激光传感器	高精准度 测量 绘制 3D 地图	易受天气影响 高成本 大尺寸

　　每种传感器都有自己的优点和缺点，以满足市场上不同用户的需求。每个传感器都有一定的市场份额。如图像传感器总是吸引对价格敏感的客户；激光传感器灵敏度高，但体积大且价格昂贵。融合多传感器数据用于比较和排除错误信息是一种趋势。不同类型的传感器或不同位置的传感器收集的数据用于及时和全面地评估环境从而做出准确的控制决策（Bachmann et al.，2013；He et al.，2015）。单传感器和多传感器组合在应用中都是可行的，如图 7-1（a）（b）（c）所示。这种现象被称为混合应用。

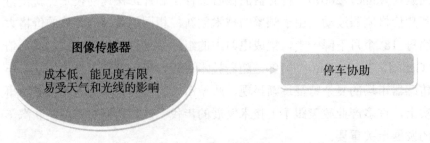

（a）图像传感器的特点及应用

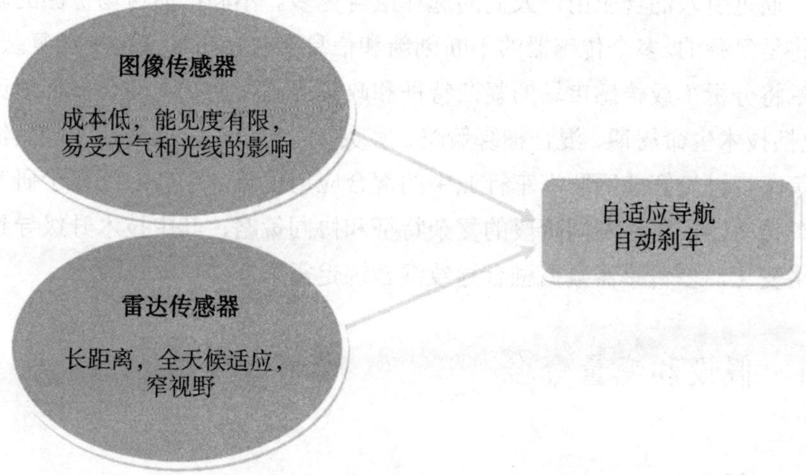

图像传感器

成本低，能见度有限，易受天气和光线的影响

雷达传感器

长距离，全天候适应，窄视野

自适应导航
自动刹车

（b）图像传感器与雷达传感器的组合应用

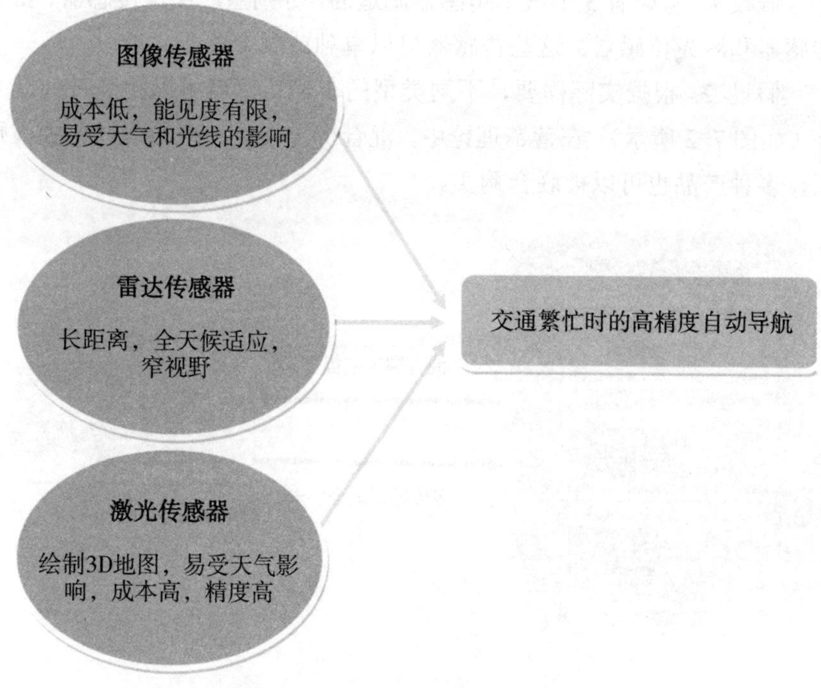

图像传感器

成本低，能见度有限，易受天气和光线的影响

雷达传感器

长距离，全天候适应，窄视野

交通繁忙时的高精度自动导航

激光传感器

绘制3D地图，易受天气影响，成本高，精度高

（c）图像传感器、雷达传感器和激光传感器组合应用

图 7-1 ICV 传感器的混合应用（多传感器数据融合）

通过引入混合应用，人们的选择组合更多。不同产品市场份额的研究将是复杂的。多个传感器的不断创新和信息融合使市场变得更加复杂。本章将分析车载传感市场的复杂特征和政策协同作用。将结合多种理论（包括技术生命周期、混合捆绑策略、寡头竞争博弈、企业创新和产品价格策略）讨论智能网联汽车行业中的混合应用现象。创新之处在于研究汽车传感器市场在不同阶段的复杂特征和协同策略，其中技术升级导致价格变化，多传感器数据融合导致混合绑定需求。

7.1　假设和变量命名

7.1.1　假设

假设 1. 考虑有 3 个汽车传感器制造商，分别生产图像传感器、雷达传感器和激光传感器。这些传感器可以单独或联合购买。

假设 2. 根据实际需要，不同类型的车辆传感器可以相互替代或互补（如图 7-2 所示）。在营销理论中，混合绑定指一种产品可以单独被购买，多种产品也可以被联合购买。

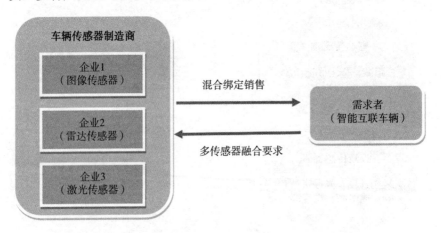

图 7-2　销售和需求

假设 3. 市场上存在混合捆绑应用需求。假设市场上有七种类型的需求选择，如图 7-3 所示。Part 1（需求一）只买图像传感器（简称 IS），Part 2（需求二）只买雷达传感器（简称 RS），Part 3（需求三）只买激光传感器（简称 LS），Part 4（需求四）购买图像传感器和雷达传感器，Part 5（需求五）购买雷达传感器和激光传感器，Part 6（需求六）购买图像传感器和激光传感器，Part 7（需求七）同时购买图像传感器、雷达传感器和激光传感器。

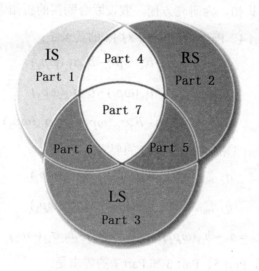

图 7-3　七类需求选择

假设 4. 三种汽车传感器制造商都以利润最大化为目标，并且他们具有与最新技术同步更新的技术能力。

7.1.2　变量声明

声明 1. 每类车辆传感器的价格为 p_i，$i=1,2,3$。所以 Part 1 对图像传感器的需求是：

$$q_{1\_Part1} = a_1 - b_1 p_1 \tag{7-1}$$

Part 2 对雷达传感器的需求是：

$$q_{2\_Part2} = a_2 - b_2 p_2 \tag{7-2}$$

Part 3 对激光传感器的需求是：

$$q_{3\_Part3} = a_3 - b_3 p_3 \qquad (7-3)$$

参数 $a_i (i = 1, 2, 3)$ 是传感器 i 的潜在需求（如果车载传感器免费提供），b_i 为自我价格敏感系数。

声明 2. Part i（$i = 4, 5, 6, 7$）购买两种或者三种传感器互补使用（Yan and Bandyopadhyay，2011；Wu and Ma，2014）。当客户联合购买时，制造商可以提供折扣。为研究方便，假设联合购买的折扣为 ω。

因此，Part 4、Part 6 和 Part 7 对 IS 的要求是：

$$q_{1\_Part4} = a_4 - b_{14}(\omega p_1) - b_{14}\sigma_{12}(\omega p_2) \qquad (7-4)$$

$$q_{1\_Part6} = a_6 - b_{16}(\omega p_1) - b_{16}\sigma_{13}(\omega p_3) \qquad (7-5)$$

$$q_{1\_Part7} = a_7 - b_{17}(\omega p_1) - b_{17}\sigma_{12}(\omega p_2) - b_{17}\sigma_{13}(\omega p_3) \qquad (7-6)$$

Part 4、Part 5 和 Part 7 对 RS 的要求是：

$$q_{2\_Part4} = a_4 - b_{24}(\omega p_2) - b_{24}\sigma_{21}(\omega p_1) \qquad (7-7)$$

$$q_{2\_Part5} = a_5 - b_{25}(\omega p_2) - b_{25}\sigma_{23}(\omega p_3) \qquad (7-8)$$

$$q_{2\_Part7} = a_7 - b_{27}(\omega p_2) - b_{27}\sigma_{21}(\omega p_1) - b_{27}\sigma_{23}(\omega p_3) \qquad (7-9)$$

LS 来自于 Part 5、Part 6 和 Part 7 的需求是：

$$q_{3\_Part5} = a_5 - b_{35}(\omega p_3) - b_{35}\sigma_{32}(\omega p_2) \qquad (7-10)$$

$$q_{3\_Part6} = a_6 - b_{36}(\omega p_3) - b_{36}\sigma_{31}(\omega p_1) \qquad (7-11)$$

$$q_{3\_Part7} = a_7 - b_{37}(\omega p_3) - b_{37}\sigma_{31}(\omega p_1) - b_{37}\sigma_{32}(\omega p_2) \qquad (7-12)$$

$a_i(i = 4, 5, 6, 7)$ 是产品组合的潜在需求。b_{14}，b_{16}，b_{17}，b_{24}，b_{25}，b_{27}，b_{35}，b_{36}，b_{37} 是自我价格敏感参数。

$b_{14}\sigma_{12}$，$b_{16}\sigma_{13}$，$b_{17}\sigma_{12}$，$b_{17}\sigma_{13}$，$b_{24}\sigma_{21}$，$b_{25}\sigma_{23}$，$b_{27}\sigma_{21}$，$b_{27}\sigma_{23}$，$b_{35}\sigma_{32}$，$b_{36}\sigma_{31}$，$b_{37}\sigma_{31}$，$b_{37}\sigma_{32}$ 为交叉价格敏感性，$\sigma_{kl} \in (0,1)$，$(k, l = 1, 2, 3)$ 是互补的程度，表示交叉产品的敏感性小于自身价格的敏感性。为了下文计算方便，我们假设 $\sigma_{kl} = \sigma$。所有参数都为正。

声明 3. 3 个企业的成本函数为：

$$C_{IS} = c_1 q_1 \tag{7-13}$$

$$C_{RS} = c_2 q_2 \tag{7-14}$$

$$C_{LS} = c_3 q_3 \tag{7-15}$$

q_i 为相关传感器的产出，c_i 为成本参数，$i = 1, 2, 3$。

$$q_1 = q_{1-Part1} + q_{1-Part4} + q_{1-Part6} + q_{1-Part7} \tag{7-16}$$

$$q_2 = q_{2-Part2} + q_{2-Part4} + q_{2-Part5} + q_{2-Part7} \tag{7-17}$$

$$q_3 = q_{3-Part3} + q_{3-Part5} + q_{3-Part6} + q_{3-Part7} \tag{7-18}$$

图 7-4 为需求的结构。

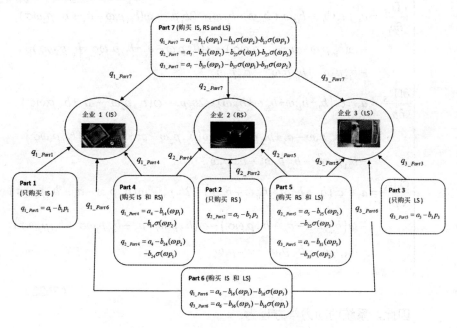

图 7-4　混合绑定的需求结构

声明 4. 利润函数分别如下：

$$\Pi_{IS} = q_{1\_Part1} p_1 + q_{1\_Part4}(\omega p_1) + q_{1\_Part6}(\omega p_1) + q_{1\_Part7}(\omega p_1) - Cost_1 \tag{7-19}$$

$$\Pi_{RS} = q_{2\_Part2} p_2 + q_{2\_Part4}(\omega p_2) + q_{2\_Part5}(\omega p_2) + q_{2\_Part7}(\omega p_2) - Cost_2 \tag{7-20}$$

$$\Pi_{LS} = q_{3\_Part3}p_3 + q_{3\_Part5}(\omega p_3) + q_{3\_Part6}(\omega p_3) + q_{3\_Part7}(\omega p_3) - Cost_3 \quad （7\text{-}21）$$

7.2 市场模型

7.2.1 有限理性期望市场模型

假设传感器企业在决策时是有限理性的。本期价格取决于上期边际利润。如果之前的利润为正，则本期价格会上涨；如果前一期的边际利润为负，则本期的价格将下降。3 个厂商的边际利润分别为：

$$
\begin{cases}
\dfrac{\partial \Pi_{IS}}{\partial p_1} = a_1 + c_1(b_1 + b_{14}\omega + b_{16}\omega + b_{17}\omega) - 2b_1 p_1 - \omega(b_{14}p_1\omega - a_4 + b_{14}p_2\omega\sigma) \\
\qquad - \omega(b_{16}p_1\omega - a_6 + b_{16}p_3\omega\sigma) - w(b_{17}p_1\omega - a_7 + b_{17}p_2\omega\sigma + b_{17}p_3\omega\sigma) \\
\qquad - b_{14}p_1\omega^2 - b_{16}p_1\omega^2 - b_{17}p_1\omega^2 \\[2mm]
\dfrac{\partial \Pi_{RS}}{\partial p_2} = a_2 + c_2\left(b_2 + b_{24}\omega + b_{25}\omega + b_{27}\omega\right) - 2b_2 p_2 - \omega\left(b_{24}p_2\omega - a_4 + b_{24}p_1\omega\sigma\right) \\
\qquad - \omega\left(b_{25}p_2\omega - a_5 + b_{25}p_3\omega\sigma\right) - \omega\left(b_{27}p_2\omega - a_7 + b_{27}p_1\omega\sigma + b_{27}p_3\omega\sigma\right) \\
\qquad - b_{24}p_2\omega^2 - b_{25}p_2\omega^2 - b_{27}p_2\omega^2 \\[2mm]
\dfrac{\partial \Pi_{LS}}{\partial p_3} = a_3 + c_3\left(b_3 + b_{35}\omega + b_{36}\omega + b_{37}\omega\right) - 2b_3 p_3 - \omega\left(b_{35}p_3\omega - a_5 + b_{35}p_2\omega\sigma\right) \\
\qquad - \omega\left(b_{36}p_3\omega - a_6 + b_{36}p_1\omega\sigma\right) - \omega\left(b_{37}p_3\omega - a_7 + b_{37}p_1\omega\sigma + b_{37}p_2\omega\sigma\right) \\
\qquad - b_{35}p_3\omega^2 - b_{36}p_3\omega^2 - b_{37}p_3\omega^2
\end{cases}
$$

$$（7\text{-}22）$$

因此，系统的动力学方程为：

$$
\begin{cases}
p_1(t+1) = p_1(t) + \alpha_1 p_1(t)\dfrac{\partial \Pi_{IS}}{\partial p_1(t)} \\[2mm]
p_2(t+1) = p_2(t) + \alpha_2 p_2(t)\dfrac{\partial \Pi_{RS}}{\partial p_2(t)} \\[2mm]
p_3(t+1) = p_3(t) + \alpha_3 p_3(t)\dfrac{\partial \Pi_{LS}}{\partial p_3(t)}
\end{cases}
\quad （7\text{-}23）
$$

α_1，α_2 和 α_3 是图像传感器（IS）、雷达传感器（RS）和激光传感器（LS）的价格变化速度。增加 $\alpha_i \geqslant 0,(i=1,2,3)$ 能够引起市场的周期和混沌波动。

7.2.2　基于摩尔定律的有限理性期望市场模型

基于有限理性期望模型，我们将根据摩尔定律分析价格变化的速度。集成电路中元件的数量在同等价格下增加一倍，或者相同性能产品的价格大约每 18 个月下降一半（Cohen and Whang，1997）。近年来，新材料如纳米芯片、石墨烯等材料升级传感器芯片延续了摩尔定律。在此研究中，摩尔定律将帮助我们分析车辆传感器市场的动态演变。本书采用 Voller 等学者（2002）提出的摩尔定律的数学表述，如方程（7-24）所示：

$$p=\frac{1}{\varepsilon 2^{0.667t}}+l \tag{7-24}$$

p 是车辆传感器的价格，ε 是技术更新阻力常数，t 为生产时间，l 为常数。

因此可以通过计算 p 来获得价格变化的速度。

$$\alpha_i=\left|\frac{\partial p}{\partial t}\right|=\left|-\frac{0.667\ln 2}{\varepsilon_i}2^{-0.667t}\right|,(i=1,2,3) \tag{7-25}$$

公式（7-24）和（7-25）的曲线如图 7-5 所示。

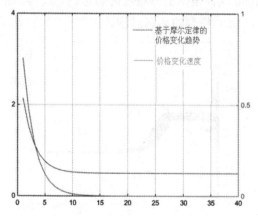

图 7-5　价格变化与价格变化速度（ε=0.39 且 $l=0.5$）

本章的目的是研究技术更新对传感器市场的影响。因此，假设所有企业都具有使价格变化速度符合摩尔定律的技术能力。因此，方程（7-23）演变为如下：

$$
\begin{cases}
p_1(t+1) = p_1(t) + \left| -\dfrac{0.667\ln 2}{\varepsilon_1} 2^{-0.667t} \right| p_1(t) \dfrac{\partial \Pi_{IS}}{\partial p_1(t)} \\[4mm]
p_2(t+1) = p_2(t) + \left| -\dfrac{0.667\ln 2}{\varepsilon_2} 2^{-0.667t} \right| p_2(t) \dfrac{\partial \Pi_{RS}}{\partial p_2(t)} \\[4mm]
p_3(t+1) = p_3(t) + \left| -\dfrac{0.667\ln 2}{\varepsilon_3} 2^{-0.667t} \right| p_3(t) \dfrac{\partial \Pi_{LS}}{\partial p_3(t)}
\end{cases}
\qquad (7\text{-}26)
$$

7.3 数值模拟

价格变化速度的复杂描述难以得到解析解，因此我们求助于数值模拟。模型参数如下：

$a_1 = a_2 = a_3 = 2, a_4 = a_5 = a_6 = a_7 = 2.5, b_1 = b_2 = b_3 = 0.5,$
$b_{14} = b_{16} = b_{17} = 0.55, b_{24} = b_{25} = b_{27} = 0.6, b_{35} = b_{36} = b_{37} = 0.65,$
$\omega = 0.5, \sigma = 0.6, c_1 = c_2 = c_3 = 0.25, \varepsilon_1 = 0.385, \varepsilon_2 = 0.5776,$
$\varepsilon_3 = 0.462$。

将上述参数带入系统（7-26）可以获得更简洁的数值模拟结果，并且可以通过 Matlab 软件模拟画出系统的动态调整过程。图 7-6 显示了初始值（1.5，1.5，1.5）模型的动态过程。

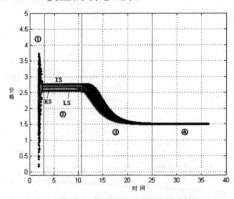

图 7-6　模型的动态过程

如图 7-6 所示，价格会随时间变化，这个过程可以分为四个阶段。第一阶段是复杂动态阶段（$0 < t < 2.6$），快速的技术更新导致市场周期性的、混乱的波动；第二阶段是纳什均衡（$2.6 \leqslant t < 11$），当技术更新速度变慢时，系统将保持在纳什均衡状态；第三阶段（$11 \leqslant t < 25$）是均衡迁移，随着更新速度降为零，纳什均衡将过渡到初始状态；第四阶段（$25 \leqslant t < 37$）是在没有任何动态行为的情况下保持相同的值。

图 7-7 展示了摩尔定律驱动的价格变化和价格变化速度。动态过程分为四个阶段，下面将一一分析。

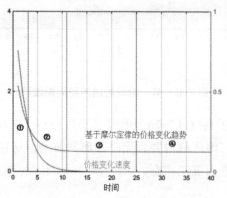

图 7-7　不同阶段的价格变化和价格变化速度

7.3.1　第一阶段：市场复杂动态及其控制

7.3.1.1　摩尔定律驱动的复杂动态

第一阶段，在技术创新驱动下，价格呈现复杂的动态特征。图 7-8 是图 7-6 中混沌周期部分的放大图。快速的技术进步导致价格竞争市场的复杂波动，导致周期和随机混沌波动。$2.09 <$ 时间 $\leqslant 2.54$ 时，价格处于周期状态。$1.81 \leqslant$ 时间 $\leqslant 2.09$ 时，三种传感器的价格出现混沌随机波动。混沌是发生在不确定性系统中的随机、不规则运动（Zhang, 1991；Ray, 1993）。混乱的价格波动是不确定的、不可重复的和不可预测的。目前，数据挖掘、机器学习和定量经济方法无法预测混沌波动，整个市场面临巨大的不确定性风险。

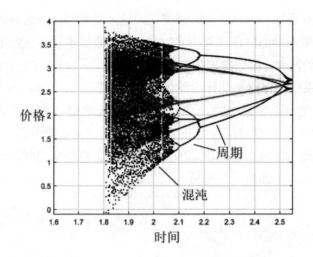

图 7-8　第一阶段的混沌和周期波动

图 7-9 显示了系统（7-26）的吸引子，当 $t = 1.9$ 时，可以发现价格将停留在固定的三维区域内并且无法预测其波动。这也证实了博弈进程在某些参数下会进入混沌状态。

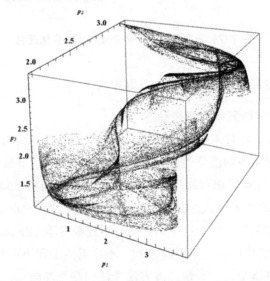

图 7-9　系统的吸引子

　　最大李雅普诺夫指数用于判断系统何时进入混沌状态。图 7-10 为系统（7-26）的最大李雅普诺夫指数，与图 7-8 对比可知，当 t 小于 2.14 左右时，系统处于混沌状态。

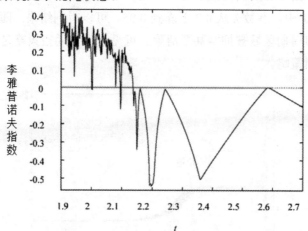

图 7-10　系统的最大李雅普诺夫指数

7.3.1.2　控制策略

　　我们将采取措施控制系统不确定性。在分析控制方法之前，我们有必要了解混合期望策略。

　　（1）混合期望策略

　　在当前的寡头动态博弈研究中，除了有限理性期望外，天真期望也普遍存在。在生产实践中，企业往往会结合多种预期规则。不同的预期规则被赋予不同的权重，这种预期模式被称为混合期望策略。本节将分析由有限理性和天真期望组成的混合期望策略，数学预期描述如下：

$$\begin{cases} p_1(t+1) = \lambda[p_1(t) + \left|-\dfrac{0.667\ln 2}{\varepsilon_1} 2^{-0.667t}\right| p_1(t)\dfrac{\partial \Pi_{IS}}{\partial p_1(t)}] + (1-\lambda)p_1(t) \\[3mm] p_2(t+1) = \lambda[p_2(t) + \left|-\dfrac{0.667\ln 2}{\varepsilon_2} 2^{-0.667t}\right| p_2(t)\dfrac{\partial \Pi_{RS}}{\partial p_2(t)}] + (1-\lambda)p_2(t) \\[3mm] p_3(t+1) = \lambda[p_3(t) + \left|-\dfrac{0.667\ln 2}{\varepsilon_3} 2^{-0.667t}\right| p_3(t)\dfrac{\partial \Pi_{LS}}{\partial p_3(t)}] + (1-\lambda)p_3(t) \end{cases}$$

$$(7\text{-}27)$$

　　（7-27）中，λ 为有限理性期望的权重，当 λ =0 时，模型为天真期望。事实上，这种数学表达模型被称为非线性反馈控制方法，在复杂控制科学中有效且简单。

（2）参数 λ 的数值模拟

图 7-11 中，参数 λ 从 0.7 下降到 0.05。可以得到结果：随着 λ 的下降，混沌和周期区域被抑制甚至消除。可见，混合期望策略是一种有效的市场控制策略。

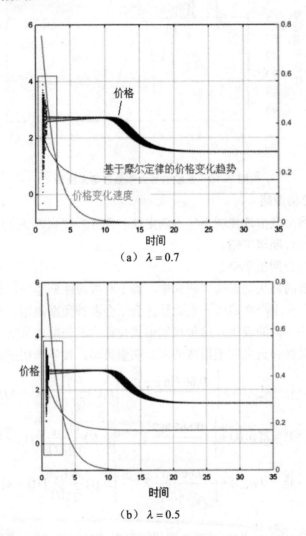

（a）$\lambda = 0.7$

（b）$\lambda = 0.5$

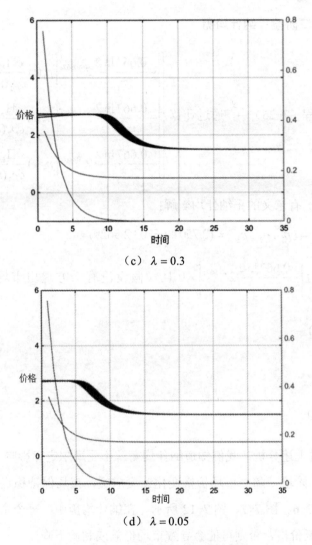

（c）λ = 0.3

（d）λ = 0.05

图 7-11　摩尔定律驱动的混合期望模型的动态

当采用非线性反馈控制方法时，复杂的动力学现象会得到缓解。如图 7-11 所示，随着参数 λ 的减小，混沌阶段会逐渐消失，平衡迁移会更早出现。因此混合期望策略是一种有效的市场控制策略，将有效提高稳定性。

7.3.2   第二阶段：纳什均衡

在方程（7-26）中，通过计算 $\begin{cases} \left| -\dfrac{0.667\ln 2}{\varepsilon_1}2^{-0.667t} \right| p_1(t)\dfrac{\partial \Pi_{IS}}{\partial p_1(t)}=0 \\[3mm] \left| -\dfrac{0.667\ln 2}{\varepsilon_2}2^{-0.667t} \right| p_2(t)\dfrac{\partial \Pi_{RS}}{\partial p_2(t)}=0 \\[3mm] \left| -\dfrac{0.667\ln 2}{\varepsilon_3}2^{-0.667t} \right| p_3(t)\dfrac{\partial \Pi_{LS}}{\partial p_3(t)}=0 \end{cases}$ ，可

以得到唯一有意义的正纳什均衡解：

$$p_{Nash}{}^* = (p_1{}^*, p_2{}^*, p_2{}^*) = (2.7501, 2.6703, 2.5629) \text{。}$$

因为 $\left| -\dfrac{0.667\ln 2}{\varepsilon_i}2^{-0.667t} \right| \neq 0$ 且（假设没有一方退出市场），因此

$$\begin{cases} \dfrac{\partial \Pi_{IS}}{\partial p_1(t)}=0 \\[3mm] \dfrac{\partial \Pi_{RS}}{\partial p_2(t)}=0 \\[3mm] \dfrac{\partial \Pi_{LS}}{\partial p_2(t)}=0 \end{cases}\text{。}$$

通过上述分析，我们知道纳什均衡解不受摩尔定律影响。

第二阶段，随着市场价格变化速度放缓，市场保持稳定有序的竞争，如图 7-6、图 7-7、图 7-12 所示。在纳什均衡中，每个企业都不能提高或降低价格，否则可能会导致市场份额或利润下降。

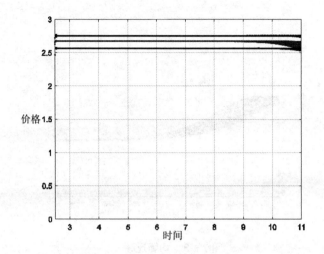

图 7-12　第二阶段中的纳什均衡

此阶段符合管理者预期，利润稳定，所以，管理人员更希望控制参数保持在此范围内。从摩尔定律来看，随着价格变化率的降低，系统进入稳定状态，产品更新变慢后，价格波动幅度也变慢。此时得到纳什均衡解：$p_{Nash}^{*} = (2.7501, 2.6703, 2.5629)$，此时系统是健壮的。

7.3.3　第三阶段：均衡迁移

第三阶段，制造技术成熟，价格变化速度降至零，市场价格出现动态迁移过程：纳什均衡开始向初始值（1.5，1.5，1.5）迁移，如图 7-6、7-7、7-13 所示。在本书中，这种转变被称为均衡迁移。

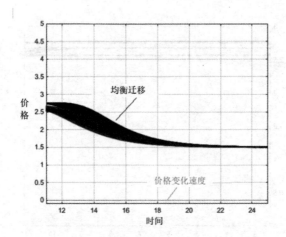

图 7-13　均衡迁移

在这个阶段，价格会在一定范围内波动，价格进入稳定期，并在一定时期内保持在一个固定值。

7.3.4　第四阶段：市场回归初值

当迁移过程结束时，市场回归初始值 $p_{\text{Initial}}^* = (p_1^*, p_2^*, p_3^*) =$ (1.5,1.5,1.5)，如图 7-14 所示：市场中的产品价格转向企业的初始定价，不再出现动态特征。

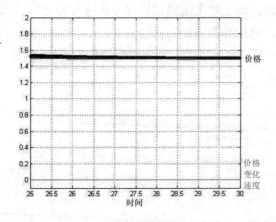

图 7-14　第四阶段

在这个阶段，无论管理者做出什么样的决定，最终的均衡解基本不会受到影响。这是因为参数的增加会使价格在迭代后回到初始状态。因此，决策者应避免进入这个阶段，这将对企业利润和产品价格产生负面影响。

7.3.5 比较分析

综上分析，在摩尔定律的推动下，四个阶段的市场价格如图 7-15 所示：

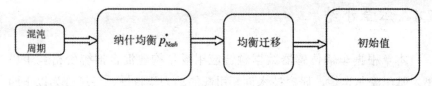

图 7-15 状态转换流程图

第一阶段，快速的技术进步推动价格下跌，市场变得不可预测，出现复杂的波动（混沌和周期）。

第二阶段，当技术升级速度放缓时，市场转向纳什均衡。

第三阶段，产品技术升级速度降为零，市场转向初始定价。这个过程称为均衡迁移，它是纳什均衡到初始价格的过渡。

第四阶段，市场产品价格与企业初始定价持平，不再出现动态特征。四个阶段的特点和政策趋势见表 7-2。

表 7-2 四阶段特点及政策协同

阶段		阶段 1	阶段 2	阶段 3	阶段 4
技术		快速技术升级	技术升级速度减慢	技术成熟，技术升级停止	技术成熟，技术升级停止
价格		周期和混沌	纳什均衡	均衡迁移	初始值
协同政策	目的	有序竞争；抑制波动风险	—	鼓励创新激活市场	
	强度	创新政策：渐强 稳定政策：减弱			
	措施	混合期望，增加了天真期望的权重	—	鼓励创新，加大研发投入，激活市场创新能力	

通过比较价格变化的四个阶段，我们可以知道不同的参数会导致不同的系统状态，本研究为产品定价提供决策参考。

在实际经济市场中，博弈者会更新产品，但更新速度受摩尔定律约束。从这个角度，本章探讨了价格与摩尔定律之间的复杂关系。通过构造动态方程，研究系统的复杂动力学特性；用分岔理论和最大李雅普诺夫指数，分析了摩尔定律中参数的敏感性。最后，我们还控制了混沌域，使系统更加强健。

7.4　本章小结

本章根据车辆传感器数据融合应用场景构建混合捆绑价格竞争模型，基于摩尔定律，研究技术创新引起的动力学特性。市场分为以下四个阶段。（1）在快速技术更新阶段，市场呈现复杂行为：混沌和周期。生产者的混合期望策略可以抑制复杂的动态。（2）随着技术更新速度放缓，市场进入纳什均衡状态，均衡价格不受技术更新速度变化影响。（3）当技术更新速度下降到零时，市场价格经过均衡迁移（第三阶段）后转向初始价格（第四阶段）。（4）第四阶段，市场未出现波动。最后根据上述特点从强度、措施和目标三个方面提出政策导向建议。第一阶段，快速的技术更新会给市场带来剧烈的波动。政府应着力控制波动风险，确保竞争有序进行。第三、四阶段，技术更新下降或停止，应鼓励创新激活市场，如图 7-16 所示：

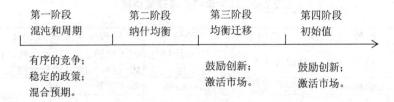

图 7-16　各阶段政策导向

本章通过对车载传感器市场的分析构建了复杂的动态模型，并利用分岔理论、最大李雅普诺夫指数和吸引子对定价模型进行了分析。在讨论系统参数时，采用灵敏度分析方法比较系统在不同参数下的稳态变化。该系统将依次进入四个阶段。在这四个阶段，管理者应该选择不同的策略和方案来进行决策。

　　本章的创新之处在于，分阶段研究了汽车传感器市场的复杂特征和协同策略，其中技术升级导致价格变化，多传感器数据融合导致混合绑定需求。本研究对实际管理具有一定的指导意义。通过模型中价格的迭代，可以给出反复博弈后稳定和不稳定的结果，从而为管理者提供更准确的决策建议。参数的敏感性对系统的长期发展至关重要，参数的任何微小变化都会造成巨大的影响，因此决策者在建立模型时应注意这些问题。创新与稳定性之间的最佳平衡是未来将要研究的问题。

第八章　新技术采纳与市场竞争的复杂关联分析
——以农业物联网技术为例

在中国，化学农业导致双重负外部效应，即"农产品质量风险和生态环境污染"（Tang and Yang，2020）。传统的生产方式已不再适应绿色农业的发展趋势。通过农业物联网（internet of things，IoT）采集数据，通过无线网络、全球移动系统、蓝牙等技术传输数据，如环境条件、生长状况、土壤状况、灌溉、病虫害和肥料，杂草管理和温室生产环境等信息。最后通过智能终端实现过程监控和科学决策，提高作物产量，降低成本并优化过程（Boursianis et al.，2020），如图 8-1 所示。

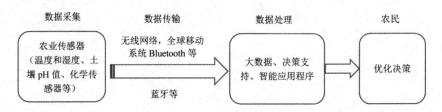

图 8-1　物联网

农业物联网是智能农业技术的核心，提供了从传统化学农业到绿色农业转型的机会。农业物联网技术可以减少农药的使用并提高农业生产率。例如，植物病害智能预警技术是农业物联网的典型应用之一。传统的蔬菜生产模式依靠农药来控制病虫害。为了增加产量并抑制疾病，一些农民定期甚至提前喷洒农药。这些行为导致土壤污染和蔬菜安全危机。使用蔬菜疾病预警技术，通过传感器收集蔬菜生长信息，可实现疾病识别和治疗。这种方法大大减少了农药和肥料的使用，促进了从化学生产模式向绿色智能生产模式的转变。

在一些国家，农业物联网已经得到充分发展。美国已成为世界上智能农业应用水平最高的国家。在英国、德国、日本、荷兰和以色列，农业物联网的应用已经达到能够解决劳动力短缺、提高生产率、提高绿色农业程度的世界先进水平（Patrício，2018；Ezenne et al.，2019；Barnes et al.，2019）。如以色列使用农业物联网技术在缺水的沙漠中创造奇迹，已成为全世界水果、蔬菜和花卉的重要出口国（Far and Rezaei-Moghaddam，2018）。

中国正处于从传统农业到现代智慧农业过渡时期（Higgins et al.，2019）。在上海、北京和天津，政府开展了农业物联网示范和试验（Yao et al.，2020）。但是在中国其他地区，农业物联网的发展面临以下困难。（1）政府宣传不足。在初始应用阶段，政府对农业物联网项目的投资是必要的。但是，农民对技术认识不足，导致扶持资金的利用效率较低，一些农业物联网示范项目已经成为"形象工程"（Yi et al.，2016）。（2）不健康的发展模式。现有的农业物联网项目依靠政府支持。由于物联网设备的高成本和农业的低利润，小农户对物联网技术的采纳比较保守（吴芳等，2018）。长远来看，依赖政府不是健康、可持续的发展模式。如何在竞争激烈的市场中提高农业物联网的普及水平是一个亟待研究的问题。

对于第一个问题，有必要进一步分析政府补贴与农民采纳行为之间的互动关系。对于第二个问题，有必要建立一种以农民为主导并遵守市场竞争规则的可持续商业模式。产能共享是实现物联网采纳平衡、协调发展的有效途径。

本章将使用演化博弈模型分析政府与农民之间的利益冲突，调查可持续采纳演变的路径，并使用基于竞争和技术选择的动态差分博弈模型探索长期可持续的发展机制。

8.1　政府与农民之间的战略演化

8.1.1　假设和变量

（1）菜农和政府是一对博弈组合。在政府的监督和支持下，菜农选择是否采纳物联网蔬菜疾病预警技术。假设当地政府制定了严格的监管标准，即拒绝使用物联网技术将导致农药过量并受到惩罚。

农民的战略选择空间是：{利用蔬菜疾病智能预警平台；使用依靠农药和肥料的传统治疗方法}。政府的战略选择空间是：{监督；不监督}。

（2）农民采纳（或拒绝）物联网技术的收入为 I_1（或 I_2）。固定成本为 c_1，包括农业传感器、网络设备等。通过上述设备的监控，疾病可以在发生之前被预警。此技术可以提高农产品产量、质量及安全性。但农业物联网设备市场价格较高。政府对农民的技术升级进行补助，补助为 $\alpha_2 c_1$，α_2 为补助系数。实践中，中国政府为了提升农业，经常投资为农民购买物联网设备，农民只需要支付设备维护费用。若农民拒绝农业物联网技术，政府如果发现此农民使用农药剂量超标，那么农民将受到惩罚 βI_2，农民的农药成本为 c_N。

如果农民采纳物联网蔬菜疾病预警技术，上级政府将对地方支付一笔款项 R_s，当地政府分配这些资金。如果农民拒绝，上级政府将不再支付此资金。上级政府的成本为 c_3。当地政府对采纳技术的农民进行补助，包括成本补助和税务补贴。成本补助为 $\sigma R_s = \alpha_2 c_1$；采纳技术支付的税款为 $r\varepsilon I_1$（$0 < \gamma < 1$），拒绝技术的税款为 εI_2。

（3）当农药剂量超标，农民失去信用，发生负反馈，例如失去潜在的客户，负反馈为 $-v_F$。当政府执行严格的监管政策，高质量的产品满足消费者需求，出现正反馈为 v_G。

（4）模型中所有参数均大于 0，详情见表 8-1。

表 8-1　变量命名

农民和政府		变量名	解释
农民	采纳技术	$I_1 = q_1 p$	总收入
		q_1	产出
		p	产品价格
		α_1	利润率
		$\alpha_1 I_i,\ i = 1, 2$	利润

农民和政府		变量名	解释
农民	采纳技术	c_1	新技术的固定成本
		$\alpha_2 c_1$	政府给予的补助成本
		c_2	采纳新技术节约的成本
	拒绝技术	$f = \beta I_2 \ \beta \in (0,1)$	超标使用农药的惩罚
		$I_2 = q_2 p$	拒绝技术的总收入（$I_1 > I_2$）
		c_N	传统技术农药投入成本
		$-v_F$	负反馈
政府		c_3	监管成本
		R_s	上级政府的支付
		$\sigma R_s = \alpha_2 c_1, \sigma \in (0,1]$	地方政府对技术采纳补贴
		$\gamma \varepsilon I_1, \gamma \in (0,1)$	监管环境下采纳技术的优惠税率
		εI_2	不监管情况下拒绝技术的税率
		εI_1	不监管税
		v_G	正反馈

8.1.2　演化博弈模型

表 8-2 为博弈双方的演化矩阵，技术选择的概率为 η，拒绝的概率为 $1-\eta$。政府可以选择严格监管和不监管。监管项目包括农药残留、土壤污染等。政府监管的可能性为 μ，不监管的可能性为 $1-\mu$。

表 8-2　演化博弈矩阵

政府	农民	
	采纳（η）	不采纳（$1-\eta$）
监管（μ）	$P_F = \alpha_1 I_1 - c_1 + \alpha_2 c_1 + c_2 - \gamma \varepsilon I_1;$ $P_G = (1-\sigma)R_s - c_3 + \gamma \varepsilon I_1 + v_G$	$P_F = (\alpha_1 - \beta - \varepsilon)I_2 - c_N - v_F;$ $P_G = \varepsilon I_2 + \beta I_2 - c_3$

政府	农民	
	采纳（η）	不采纳（$1-\eta$）
不监管 （$1-\mu$）	$P_F = \alpha_1 I_1 - c_1 + c_2 - \varepsilon I_1;$ $P_G = R_s + \varepsilon I_1 + v_G$	$P_F = \alpha_1 I_2 - \varepsilon I_2 - c_N - v_F;$ $P_G = \varepsilon I_2 - v_G$

8.2 农民收入的期望方程

方程（8-1）是农民采纳技术的期望收益，方程（8-2）是农民拒绝技术的期望收益。

$$E_{adoption} = \mu(\alpha_1 I_1 - c_1 + \alpha_2 c_1 + c_2 - \gamma \varepsilon I_1) + (1-\mu)(\alpha_1 I_1 - c_1 + c_2 - \varepsilon I_1) \quad (8\text{-}1)$$

$$E_{non-adoption} = \mu[(\alpha_1 - \beta - \varepsilon)I_2 - c_N - v_F] + (1-\mu)(\alpha_1 I_2 - \varepsilon I_2 - c_N - v_F) \quad (8\text{-}2)$$

因此农民的期望收入如方程（8-3）所示：

$$\begin{aligned}
E_{farmer} &= \eta E_{adoption} + (1-\eta)E_{non-adoption} \\
&= \eta[\mu(c_2 - c_1 + I_1\alpha_1 + \alpha_2 c_1 - I_1\varepsilon\gamma) + (\mu-1)(c_1 - c_2 - I_1\alpha_1 + I_1\varepsilon)] \\
&\quad -(\eta-1)\{(\mu-1)(c_N + v_f - I_2\alpha_1 + I_2\varepsilon) - \mu[c_N + v_F \\
&\quad + I_2(\beta - \alpha_1 + \varepsilon)]\}
\end{aligned}$$

$$(8\text{-}3)$$

农民采纳的动态复制方程为：

$$\begin{aligned}
F(\eta) &= \frac{d\eta}{dt} = \eta(E_{adoption} - E_{farmer}) \\
&= -\eta(\eta-1)(c_2 - c_1 + c_N + v_F + I_1\alpha_1 - I_2\alpha_1 - I_1\varepsilon + I_2\varepsilon + I_2\beta\mu \\
&\quad + I_1\varepsilon\mu + \alpha_2 c_1\mu - I_1\varepsilon\gamma\mu)
\end{aligned}$$

$$(8\text{-}4)$$

8.2.1 系统的稳定性

使动态复制方程等于 0（$F(\eta)=0$），我们可以得到 $\eta^* = 0$ 或 1，且

$$\mu^* = \frac{c_1 + c_2 - c_N - v_F - I_1\alpha_1 + I_2\alpha_1 + I_1\varepsilon - I_2\varepsilon}{I_2\beta + I_1\varepsilon + \alpha_2 c_1 - I_1\varepsilon\gamma}$$ 。这意味着政府监管的可能

性为 $\mu=\mu^*$，农民采纳可能性 η 为[0，1]之间的任意值。因此，当 $\mu=\mu^*$，动态复制方程是稳定的。农民没有意愿改变当前的策略，进化过程如图 8-2 所示：

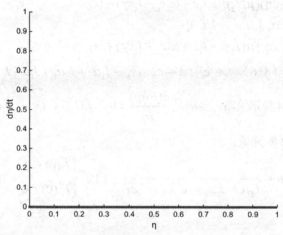

图 8-2　进化状态图，当 $\mu=\mu^*$

当 $\mu \neq \mu^*$，$\eta^*=0$ 且 $\eta^*=1$，也就是 $(\mu \neq \mu^*, \eta^* = 0)$ 和 $(\mu \neq \mu^*, \eta^* = 1)$，两组参数能够使 $F(\eta)=0$。因此，$\mu \neq \mu^*, \eta^* = 0$ 和 $\mu \neq \mu^*, \eta^* = 1$ 都是系统的稳定状态。

8.2.2　演化路径总结

演化博弈的稳定策略需要满足如下方程组：

$$\begin{cases} F(\eta) = \dfrac{d\eta}{dt} = 0 \\ \dfrac{d(F(\eta))}{d\eta} < 0 \end{cases} \quad\quad （8\text{-}5）$$

其中，

$$\begin{aligned}
\frac{d[F(\eta)]}{d\eta} &= -(2\eta-1)(c_2-c_1+c_N+v_F+I_1\alpha_1-I_2\alpha_1-I_1\varepsilon+I_2\varepsilon+I_2\beta\mu \\
&\quad +I_1\varepsilon\mu+\alpha_2 c_1\mu-I_1\varepsilon\gamma\mu) \\
&= \mu(1-2\eta)(I_2\beta+I_1\varepsilon+\alpha_2 c_1-I_1\varepsilon\gamma)-(1-2\eta)(c_1-c_2-c_N-v_F \\
&\quad -I_1\alpha_1+I_2\alpha_1+I_1\varepsilon-I_2\varepsilon) \\
&= (1-2\eta)[\mu(I_2\beta+I_1\varepsilon+\alpha_2 c_1-I_1\varepsilon\gamma)-(c_1-c_2-c_N-v_F-I_1\alpha_1 \\
&\quad +I_2\alpha_1+I_1\varepsilon-I_2\varepsilon)] \\
&= (1-2\eta)[\mu(I_2\beta+I_1\varepsilon+\alpha_2 c_1-I_1\varepsilon\gamma)-A]
\end{aligned} \tag{8-6}$$

在方程（8-6），$A=c_1-c_2-c_N-v_F-I_1\alpha_1+I_2\alpha_1+I_1\varepsilon-I_2\varepsilon$。

因此演化稳定策略需要满足 $\dfrac{d(F(\eta))}{d\eta}<0$，$\mu(I_2\beta+I_1\varepsilon+\alpha_2 c_1-I_1\varepsilon\gamma)-A$ 的不同情形将被讨论。

（1）当 $\mu<\dfrac{A}{I_2\beta+I_1\varepsilon+\alpha_2 c_1-I_1\varepsilon\gamma}$，由于 $\begin{cases}F(0)=0 \\ F'(0)<0\end{cases}$，$\eta=0$ 是演化稳定策略。

当政府监管概率 $\mu<\dfrac{A}{I_2\beta+I_1\varepsilon+\alpha_2 c_1-I_1\varepsilon\gamma}$，农民将拒绝使用新技术（$\eta=0$）。即使农民在政府的资助下购买了相关技术的软件和硬件，在使用过程中，农民也会放弃采纳技术，导致设备闲置、资源浪费。这种情况也确实发生过，政府资助甚至代替农民购买物联网设备，使用一段时间后，部分农民放弃新技术，继续使用传统生产方式。因此，建议继续加强政府对化学农业的监管，继续鼓励农业物联网。演化过程如图8-3所示：

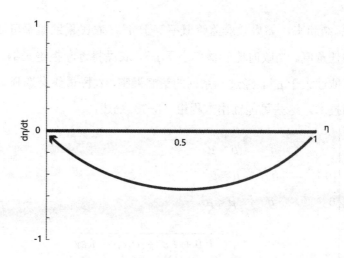

图 8-3　演化过程图，当 $\mu < \mu^*$

（2）当 $\mu > \dfrac{A}{I_2\beta + I_1\varepsilon + \alpha_2 c_1 - I_1\varepsilon\gamma}$，$\begin{cases} F(1) = 0 \\ F^{'}(1) < 0 \end{cases}$。因此 $\eta = 1$ 为稳定策略。

如果政府监管概率 $\mu > \dfrac{A}{I_2\beta + I_1\varepsilon + \alpha_2 c_1 - I_1\varepsilon\gamma}$，采纳技术（$\eta = 1$）为稳定策略。即在初始阶段，如果 $\mu > \mu^*$，即使农民不采纳物联网技术，经过持续的观察和学习，他们最终也会采纳。演化过程如图 8-4 所示：

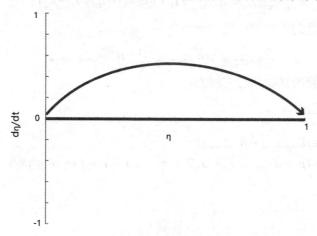

图 8-4　演化过程图，当 $\mu > \mu^*$

总结起来，如果政府监管概率等于 μ^*，农民采纳概率可以为[0,1]之间的任意值。当政府监管概率小于 μ^*，农民将逐渐拒绝采纳。当政府监管可能性大于 μ^*，经过一系列的策略调整，农民最终会选择采纳农业物联网技术。这些可能性由方程组（8-7）描述：

$$\eta = \begin{cases} 1 & if & \mu > \mu^* \\ [0,1] & if & \mu = \mu^* \\ 0 & if & \mu < \mu^*, \\ & \mu^* = \dfrac{A}{I_2\beta + I_1\varepsilon + \alpha_2 c_1 - I_1\varepsilon\gamma} \\ & A = c_1 - c_2 - c_N - v_F - I_1\alpha_1 + I_2\alpha_1 + I_1\varepsilon - I_2\varepsilon \end{cases} \tag{8-7}$$

8.3　当地政府的期望方程

政府监管的期望收益为：

$$E'_{\text{supervision}} = \eta[(1-\sigma)R_s - c_3 + r\varepsilon I + v_G] + (1-\eta)(\varepsilon I_2 + \beta I_2 - c_3) \tag{8-8}$$

政府不监管的期望收益为：

$$E'_{\text{non-supervision}} = \eta(R_s + \varepsilon I_1 + v_G) + (1-\eta)(\varepsilon I_2 - v_G) \tag{8-9}$$

政府收益为：

$$E'_{\text{government}} = \mu E'_{\text{supervision}} + (1-\mu)E'_{\text{non-supervision}} \tag{8-10}$$

政府监管的复制动态方程为：

$$\begin{aligned} F(\mu) &= \frac{d\mu}{dt} \\ &= \mu(E'_{\text{supervision}} - E'_{\text{government}}) \\ &= \mu(\mu - 1)(c_3 - v_G - I_2\beta + \eta v_G + I_2\beta\eta + I_1\varepsilon\eta + \sigma\eta R_s - I_1\varepsilon\eta\gamma) \end{aligned}$$
$$\tag{8-11}$$

8.3.1 系统的稳定性

使 $F(\mu)=0$ ，得到 $\mu^*=0,1$ 或者 $\eta^* = \dfrac{v_G - c_3 + I_2\beta}{v_G + I_2\beta + I_1\varepsilon + \sigma R_s - I_1\varepsilon\gamma}$ 。

这意味着当农民采纳可能性为 $\eta=\eta^* = \dfrac{v_G - c_3 + I_2\beta}{v_G + I_2\beta + I_1\varepsilon + \sigma R_s - I_1\varepsilon\gamma}$ ，

μ 在[0,1]区间内的任何值都可以使 $F(\mu)=0$ 。因此，当 $\eta=\eta^*$ ，无论政府是否监管都不能改变农民的采纳水平。演化过程如图 8-5 所示：

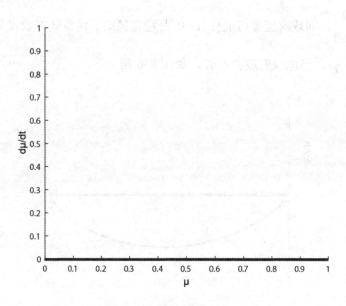

图 8-5 演化过程图，当 $\eta=\eta^*$

8.3.2 总结演化路径

政府演化博弈的稳定策略需要满足方程组（8-12），

$$\begin{cases} F(\mu)=0 \\ F'(\mu)=\dfrac{d[F(\mu)]}{d\mu}<0 \end{cases} \qquad (8-12)$$

其中，

$$F^{'}(\mu) = \frac{d[F(\mu)]}{d\mu}$$

$$= (1-2\mu)[(v_G - c_3 + I_2\beta) - \eta(v_G + I_2\beta + I_1\varepsilon + \sigma R_s - I_1\varepsilon\gamma)]$$

$$（8-13）$$

$(v_G - c_3 + I_2\beta) - \eta(v_G + I_2\beta + I_1\varepsilon + \sigma R_s - I_1\varepsilon\gamma)$ 的不同情况将被讨论：

（1）当农民采纳可能性 $\eta > \dfrac{v_G - c_3 + I_2\beta}{v_G + I_2\beta + I_1\varepsilon + \sigma R_s - I_1\varepsilon\gamma}$，

$\begin{cases} F(0)=0 \\ F^{'}(0) < 0 \end{cases}$ 。即政府监管可能性 $\mu=0$ 是稳定策略。这意味着农民采纳可能性 $\eta > \eta^*$，当地政府放弃监管，如图 8-6 所示：

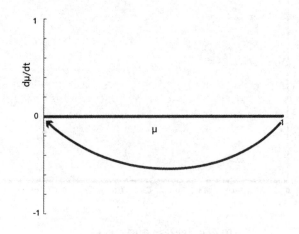

图 8-6　演化过程图，当 $\eta > \eta^*$

当农民采纳可能性 $\eta < \dfrac{v_G - c_3 + I_2\beta}{v_G + I_2\beta + I_1\varepsilon + \sigma R_s - I_1\varepsilon\gamma}$，$\begin{cases} F(1)=0 \\ F^{'}(1) < 0 \end{cases}$，

政府监管 $\mu=1$ 为演化稳定策略。演化过程如图 8-7 所示：

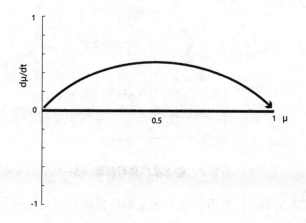

图 8-7　演化过程图，当 $\eta < \eta^*$

　　总之，当农民的采纳水平等于 η^*，政府将不改变他们最初的策略；当农民采纳水平大于 η^*，政府将放弃监管；当农民采纳水平小于 η^*，政府将采取监管策略。方程组（8-14）给出了描述：

$$\mu = \begin{cases} 0 & if & \eta > \eta^* \\ [0,1] & if & \eta = \eta^* \\ 1 & if & \eta < \eta^* \\ & \eta^* = \dfrac{v_G - c_3 + I_2\beta}{v_G + I_2\beta + I_1\varepsilon + \sigma R_s - I_1\varepsilon\gamma} \end{cases} \quad (8\text{-}14)$$

　　因此，在应用的初始阶段，为了持续提高农民采纳水平，政府需要持续地加强监管、增加鼓励措施。否则，已经取得的推广效果会消失，农民可能会再次使用传统生产技术。当农民的采纳达到一定的水平，如 $\eta > \eta^*$，政府可以放松甚至是停止监管，形成一种可持续的采纳模式，如图 8-8 所示：

图 8-8　初始推广和可持续采纳

如何由初始阶段跃升到可持续采纳阶段呢？下面将进行分析。

8.4　系统的进化

经过上述分析，得到系统的演化路径，如图 8-9 所示。

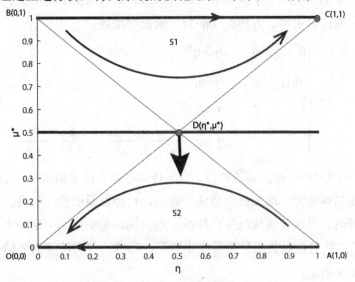

图 8-9　系统的演化路径

在图 8-9 中，二维演化空间由参数 η 和 μ $\{(\eta, \mu): 0 \leq \eta \leq 1, 0 \leq \mu \leq 1\}$ 组成，有 5 个均衡点：O $(0, 0)$，A $(1, 0)$，B $(0, 1)$，C $(1, 1)$ 和

$D(\eta^*, \mu^*)$

$$\eta^* = \frac{v_G - c_3 + I_2\beta}{v_G + I_2\beta + I_1\varepsilon + \sigma R_s - I_1\varepsilon\gamma}, \mu^* = \frac{A}{I_2\beta + I_1\varepsilon + \alpha_2 c_1 - I_1\varepsilon\gamma}$$

$$(8\text{-}15)$$

（1）使 $S_{BDC} = S_1, S_{ADO} = S_2$，$S_1$ 与 S_2 的面积决定了系统演化的方向。当 $S_1 > S_2$，向 C 演化的可能性大于向 O 演化的可能性；当 $S_2 > S_1$，向 O 演化的可能性大于向 C 的可能性。

使 $S_1 > S_2$（图 8-9 中指向下方的箭头），

$$\frac{c_2 - c_1 + c_N + v_F + I_1\alpha_1 - I_2\alpha_1 - I_1\varepsilon + I_2\varepsilon}{2(I_2\beta + I_1\varepsilon + \alpha_2 c_1 - I_1\varepsilon\gamma)} + \frac{1}{2} >$$
$$\frac{-(c_2 - c_1 + c_N + v_F + I_1\alpha_1 - I_2\alpha_1 - I_1\varepsilon + I_2\varepsilon)}{2(I_2\beta + I_1\varepsilon + \alpha_2 c_1 - I_1\varepsilon\gamma)}$$

$$(8\text{-}16)$$

也就是，

$$\frac{c_2 - c_1 + c_N + v_F + I_1\alpha_1 - I_2\alpha_1 - I_1\varepsilon + I_2\varepsilon}{I_2\beta + I_1\varepsilon + \alpha_2 c_1 - I_1\varepsilon\gamma} +$$
$$\frac{c_2 - c_1 + c_N + v_F + I_1\alpha_1 - I_2\alpha_1 - I_1\varepsilon + I_2\varepsilon}{I_2\beta + I_1\varepsilon + \alpha_2 c_1 - I_1\varepsilon\gamma} < -\frac{1}{2}$$

$$(8\text{-}17)$$

模型向 C：{农民采纳；政府监管}演化。

在图 8-10 中，使 $S_{CDA} = S_3, S_{BDO} = S_4$，当 $S_3 > S_4$，向 A 演化的可能性大于向 B 演化的可能性。

使 $S_3 > S_4$（图 8-10 中指向左方的箭头），让

$$\frac{1 - (v_G - c_3 + I_2\beta)}{2(v_G + I_2\beta + I_1\varepsilon + bR_s - I_1\varepsilon\gamma)} > \frac{v_G - c_3 + I_2\beta}{2(v_G + I_2\beta + I_1\varepsilon + bR_s - I_1\varepsilon\gamma)}$$

$$(8\text{-}18)$$

即：

$$v_G - c_3 + I_2\beta < \frac{1}{2} \qquad (8\text{-}19)$$

模型向 A：{农民采纳；政府不监管}演化。

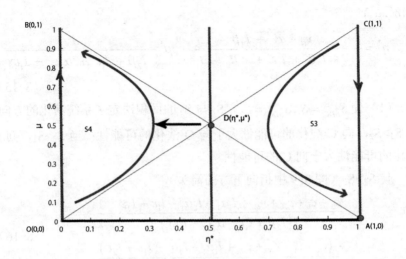

图 8-10   系统的演化图

（2）系统的演化特征

在图 8-11 中，D，C 和 A 是 3 个重要的点。

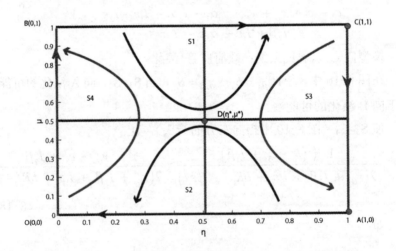

图 8-11   系统的演化图

定理 1. （证明见附录）$D(\eta^*, \mu^*)$ 是演化系统的鞍点。

定理 2. （证明见附录）

$$\text{当}\begin{cases}\dfrac{c_2-c_1+c_N+v_F+I_1\alpha_1-I_2\alpha_1-I_1\varepsilon+I_2\varepsilon}{I_2\beta+I_1\varepsilon+\alpha_2c_1-I_1\varepsilon\gamma}<-\dfrac{1}{2},\\[3mm] v_G-c_3+I_2\beta<\dfrac{1}{2}\end{cases}$$

定理 2.1　随着政府给予的成本补助的增加，系统向 C（1, 1）：{农民采纳；政府监管}演化；

定理 2.2　随着农民拒绝技术引起的负反馈的技术增加，系统向 C（1, 1）演化；

定理 2.3　随着政府正反馈的增加，系统向 C（1, 1）演化；

定理 2.4　随着化学农业成本的增加，如农药化肥成本，系统向 C（1, 1）演化；

总结起来，增加成本补助、增加农民负反馈、增加政府负反馈、增加化学成本，都会使系统向 C: {农民采纳；政府监管}演化。然而，策略 C 依赖于政府，这不是一个可持续的技术推广方式。

（3）可持续发展模式的瓶颈

定理 3

当 $I_2\beta+I_1\varepsilon-I_1\varepsilon\gamma+\alpha_2c_2+\alpha_2c_N+\alpha_2v_F+I_1\alpha_1\alpha_2-I_2\alpha_1\alpha_2-I_1\alpha_2\varepsilon+I_2\alpha_2\varepsilon>0$，随着物联网设备成本 c_1 的增加，系统向 A（1, 0）演化。即农民采纳，政府不监管。在中国，大多数农业传感器和农业物联网设备依赖进口，价格高，农民无力承担。高技术成本是农业物联网技术被采纳的瓶颈。然而，在工业中，物联网设备已经得到普遍应用。依据摩尔定律及后摩尔定律（Voller and Porté-Agel，2002；Randal and Owen，2018），随着技术的发展，物联网设备的价格在逐渐降低，如图 8-12 所示。

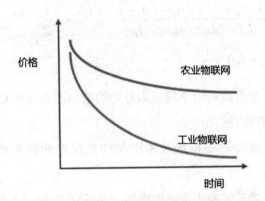

图 8-12   工业及农业中物联网设备的价格趋势

农业物联网与工业物联网设备的成本存在明显差距。为了消除农业物联网应用的落后状态，一个重要的方法是减少成本差距，也就是减少 c_1 的值，可以从如下几方面做出努力：

为了减少农业物联网设备的成本，应当改变当前产品依赖进口的状态，增加国内研发能力。

大规模农业生产代替小农经济，提升农产品质量，提高农产品附加值，发展绿色农业增加农民收入。鼓励物联网技术与农业深度融合。

8.5   竞争市场中物联网技术采纳水平的动态演化

上述内容分析了政府推广与农民采纳在技术推广早期阶段的情形，然而，在中国农业物联网技术的应用严重依赖政府，长期来看，这不是一个商业化的可持续运营模式。是否适应市场竞争是检验新技术生存能力的标准。产能共享是一种有效的互补协同发展方法。为了可持续发展，本章将研究产能共享下采纳水平和市场的动态波动特征。

8.5.1   假设和命名

假设有两组农业企业，组 1 和组 2，组 1 中的企业采纳物联网病害预警技术，组 2 中的企业拒绝新技术并采用传统农业生产方式。由于农业物联网的使用，组 1 有很强的生产能力，并且有多余的产能与组 2 共享。我们假设选择集是一个凸集，而每个组的利润在他们自己的策略中都是凹的，这保证了纳什均衡的存在（Zeigler，2000；Castellani and Giuli，2015）。

（1）i 表示技术选择的策略空间，$i \in \{1,2\}$。1 意味着选择策略，2 表示拒绝策略。

（2）产出为：

$$y_i = a_i - o_i p_i + \lambda_i p_i + r_i v \rho, \ (i = 1,2) \tag{8-20}$$

a_i 表示与价格相关的潜在需求。o_i 与 λ_i 为敏感系数，ρ（$\rho \geqslant 0$）意味着组 1 多余的生产能力，能与组 2 分享。r_i 为对共享的敏感系数，并且 $o_i > \lambda_i > r_i$。生产匹配系数 $0 \leqslant v \leqslant 1$，$v = 0$ 表示组 1 的多余产能不能生产组 2 的产品，$v = 1$ 意味着组 1 的多余产能能够被组 2 直接使用。为了分析方便，使 $a_1 = a_2 = a$，$o_1 = o_2 = o$，$\lambda_1 = \lambda_2 = \lambda$，$r_1 = r_2 = r$。

（3）成本

物联网技术能够提升农产品的绿色水平（Si and Ma，2018），因此，产品成本如下：

$$J_1 = j_1 y_1 + \frac{1}{2} n v^2 + \frac{1}{2} \kappa L^2 - \tau L y_1 \tag{8-21}$$

j_1 为边际成本，$\frac{1}{2} n v^2$ 为匹配成本，$\frac{1}{2} \kappa L^2$ 为软硬件平台成本，L 为产出的绿色水平，τ 是政府补助参数。

$$J_2 = (j_2 + \kappa)(y_2 - v \rho) + (j_1 + p_{match}) v \rho \tag{8-22}$$

在方程（8-22）中，κy_2 是化学成本。$(j_1 + p_{match}) v \rho$ 是由组 2 支付的 OEM（original equipment manufacturer，贴牌生产或原始设备制造商）成本，p_{match} 为匹配成本。

两组企业的利润分别为：

$$\Pi_1 = (a_1 - o_1 p_1 + \lambda_1 p_2 + rv\rho)p_1$$
$$-[j_1(a_1 - o_1 p_1 + \lambda_1 p_2 + rv\rho) + \frac{1}{2}nv^2 + \frac{1}{2}\kappa L^2 \qquad (8\text{-}23)$$
$$-\tau L(a_1 - o_1 p_1 + \lambda_1 p_2 + rv\rho)]$$

$$\Pi_2 = (a_2 - o_2 p_2 + \lambda_2 p_1 + rv\rho)p_2$$
$$-[(j_2 + \kappa)[(a_2 - o_2 p_2 + \lambda_2 p_1 + rv\rho) - v\rho] + (j_1 + p_{match})v\rho] \qquad (8\text{-}24)$$

8.5.2　竞争市场中的动态技术采纳

技术采纳的动态模型为：

$$p_i(t+1) = P[p_1(t), p_2(t), w(t)], i = 1, 2 \qquad (8\text{-}25)$$

$w(t)$ 为异步更新机制下时间 t 的采纳水平（Si and Ma，2018；Matsumoto and Nonaka，2006）。模型如方程（8-26）所示：

$$\begin{cases} p_1(t+1) = p_1(t) + \psi\, p_1(t)\dfrac{d\Pi_1(t)}{dp_1(t)} \\[2mm] p_2(t+1) = p_2(t) + \xi\, p_2(t)\dfrac{d\Pi_2(t)}{dp_2(t)} \\[2mm] w(t+1) = \dfrac{w(t)e^{\delta\%\Pi_1(t)}}{w(t)e^{\delta\%\Pi_a(t)} + [1 - w(t)]e^{\delta\%\Pi_2(t)}} \end{cases} \qquad (8\text{-}26)$$

两组企业以利润最大化为目标并且采用有限理性期望，也就是企业基于上一期的利润调整当前的价格。当上一期的利润为正（负），价格在本期将提高（降低），即：

$$p_i(t+1) = p_i(t) + ep_i(t)\frac{d\Pi_i(t)}{dp_i(t)}, i = 1, 2; e = \psi, \xi \qquad (8\text{-}27)$$

在方程（8-26）中，δ 是选择强度系数。如果 $\delta = 0$，$w(t+1) = w(t)$；如果 $\delta \to \infty$，农业企业立即采纳能够提高生产效率的物联网技术。$\Pi_1(t)$ 与 $\Pi_2(t)$ 如方程（8-23）和（8-24）所示。ψ 与 ξ 为价格调整参数且非零。通讨解方程（8-28），得到系统的均衡点。

$$
\begin{cases}
\dfrac{d\prod_1(t)}{dp_1(t)}=0 \\[2mm]
\dfrac{d\prod_2(t)}{dp_2(t)}=0 \\[2mm]
\dfrac{w(t)e^{\delta\%\prod_1(t)}}{w(t)e^{\delta\%\prod_1(t)}+[1-w(t)]e^{\delta\%\prod_2(t)}}=\dfrac{w(t)}{w(t)+[1-w(t)]e^{\delta\%[\prod_2(t)-\prod_1(t)]}}=w(t)
\end{cases}
$$

$$（8\text{-}28）$$

纳什均衡价格为：

$$
p^*_1=\frac{2ao+a\lambda+2\alpha^2 j_1+o\lambda j_2+o\lambda\kappa-2Lo^2\tau+2o\rho r_1\nu+\lambda\rho r_1\nu}{4o^2-\lambda^2}
$$

$$
p^*_2=\frac{2ao+a\lambda+2\alpha^2 j_2+2o^2\kappa+o\lambda j_1+2o\rho r_1\nu+\lambda\rho r_1\nu-Lo\lambda\tau}{4o^2-\lambda^2}
$$

采纳率为：$w(t)=1$ 或 $w(t)=0$。

8.5.3　竞争市场的演化特征

定理 4（证明见附录）

定理 4.1　如果 $\prod_1=\prod_2$，系统的均衡点为 $P^*[p^*_1,p^*_2,w]$（$w\in[0,1]$），此点为鞍点。此时，农民没有动力改变他们当前的策略选择状态。

定理 4.2　如果 $\prod_1>\prod_2$，$(p^*_1,p^*_2,1)$ 是模型的稳定均衡点。此时，蔬菜疾病预警技术能够为农民带来更多的利润。经过反复观察和比较，农民最终会采纳技术，市场上的采纳比例向 100.0% 采纳方向演化。

定理 4.3　如果 $\prod_1<\prod_2$，$(p^*_1,p^*_2,0)$ 是模型的稳定均衡点。由于农业物联网技术采纳将减少农民的利润，农民最终会放弃新技术，市场上的新技术采纳率逐渐演化为零。

8.5.4　仿真模拟：采纳均衡和动态转换

此部分，将通过数值模拟证明定理 4。

市场被分为两个阶段：纳什均衡阶段和复杂波动阶段（复杂波动阶段包括周期和混沌波动）。在复杂波动阶段，长期平均利润被用来研究采纳率的变化。

$$\overline{\prod_{i=1,2}} = \frac{1}{T}\sum_{t=1}^{t=T}\prod_i(p_{1_t}, p_{2_t}), i = 1,2; T = 10^3 \qquad (8-29)$$

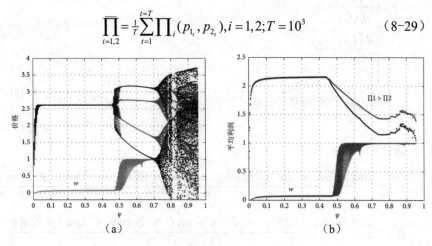

（a）　　　　　　　　　　　（b）

图 8-13　在纳什均衡阶段 $\prod_1 = \prod_2$

（1）$w \in [0,1]$（当 $\prod_1 = \prod_2$）$\Rightarrow$ $w = 1$（当 $\prod_1 > \prod_2$）

图 8-13 是价格和利润随参数 ψ 化的动态演化图。w 表示采纳率。在纳什均衡阶段，采纳率达到 9.8%，此时 $\prod_1 = \prod_2$。当 $\varphi > 0.475$，$\prod_1 > \prod_2$，采纳率逐渐演化到 100.0%，如图 8-13（b）所示。

（2）$w = 0$（$\prod_1 < \prod_2$）$\Rightarrow$ $w = 1$（$\prod_1 > \prod_2$）

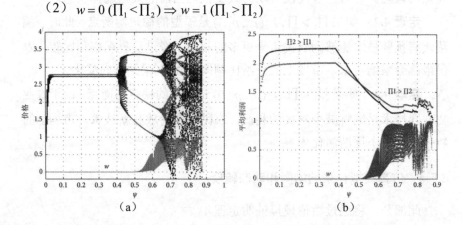

（a）　　　　　　　　　　　（b）

图 8-14　在均衡阶段 $\prod_2 > \prod_1$

在图 8-14（a）（b）中，当 $\Pi_2 > \Pi_1$，采纳率趋向于 $w=0$。当 $\varphi > 0.49$，采纳率 w 逐渐趋向于 1。

（3）$w=1$（当 $\Pi_1 > \Pi_2$）

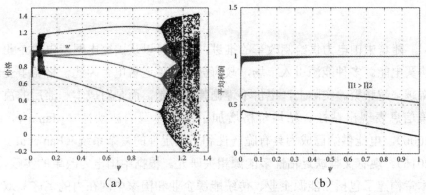

图 8-15　均衡阶段 $\Pi_1 > \Pi_2$

图 8-15（b）显示了图 8-15（a）的长期平均利润，例如 $\Pi_1 > \Pi_2$，市场采纳率 $w=100.0\%$。上述仿真证明了定理 4。

在竞争市场中，竞争者的长期平均利润决定了物联网技术采纳的演化方向。当采纳利润大于拒绝利润，即技术采纳统治市场，市场向全部采纳演化。因此，减少技术成本，提高技术使用效益是农业物联网技术可持续发展的关键。

8.6　本章小结

通过上述分析，总结农业物联网技术推广路径如下。（1）在应用的早期阶段，持续加强监管，增加补助能够防止早期推广过程中的资源损失。（2）在可持续发展阶段，当农民的采纳率达到一定的水平，政府可以尝试放松和停止监管以节约技术推广成本。（3）降低农业物联网技术成本是初始推广到可持续采纳的关键。促进物联网技术与农业应用的整合、加强关键设备创新、减少物联网关键设备成本有利于促进农民的持续采纳，并且数值模拟证明了上述结论。此部分研究为中国智慧农业可持续发展提供策略参考。

第九章　能源市场化改革及定价的复杂风险

随着中国电力供给侧改革的推进，用户可以从国家电网或电力企业购买电能。多种能源引入市场，政府鼓励多渠道售电。因此价格竞争变得越来越频繁。实际上，电价不遵循弹性机制，而是对成本和滞后的决策信息表现出粘性。粘性价格增加了经济模型的波动性（Mankiw，2006）。电能供给已成为具有脆弱性和不确定性的复杂系统（Fan et al.，2016）。现有文献缺乏粘性多能源相关研究。根据中国电力改革的实践，本章构建了包括新能源企业、传统能源企业和国家电网在内的多产品双渠道的供应链模型。新能源企业和传统能源企业以批发价向国家电网出售电能，同时允许他们进入零售电力市场。国家电网需要处理多种能源，实际上这是一个多产品生产过程。在供应链模型中，电能产品的定价因其公益性而具有粘性。本章贡献在于：（1）根据中国电力供应侧改革的实际过程，构建了多产品双渠道的价格竞争模型，并通过三维仿真研究了多重市场均衡的稳定性；（2）考虑粘性电价，通过差分博弈构建具有粘性期望的迭代关系模型；（3）从复杂理论的角度出发，在粘性供应链模型中发现了新的现象：三轨道分岔和切分岔。

9.1　模型结构

根据我国电力改革现状，构建双渠道、多产品、具有竞争力的供应链模型，从信息粘性的角度探讨价格的滞后变化。考虑到价格粘性和信息粘性的特点，将天真期望和有限理性期望相结合并进行修正，以分析电价的粘性期望。模型结构如图9-1所示。

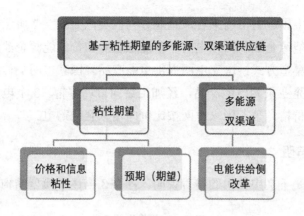

图 9-1　模型结构

本章创新之处在于基于我国电力市场改革现状，构建了双渠道、多能源的价格竞争模式，分析了多重均衡的稳定性和可行性，进一步考察粘性价格预期的动态特征，比较有限理性期望和粘性期望的动态特征。

9.2　假设和变量声明

9.2.1　假设

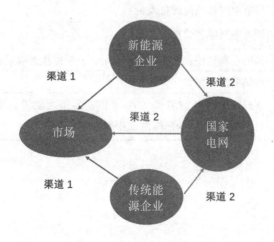

图 9-2　供应链结构图

从目前中国电力市场来看，企业分为三类，如图 9-2 所示：新能源企业、传统能源企业和国家电网。新能源企业和传统能源企业通过直供和批发的双渠道方式给国家电网提供电能产品。国家电网从传统能源企业和新能源企业采购电能产品，经加工后向市场零售。3 个电力企业在市场上进行价格竞争，国家电网按比例向两家企业购电。

9.2.2 变量声明

表 9-1 是下文中使用的符号说明，图 9-3 描述了模型结构。

表 9-1   符号说明

符号	说明
$\prod_s$	新能源企业利润
$\prod_c$	传统能源企业的利润
$\prod_g$	国家电网的利润
p_1	新能源企业零售价格
p_s	国家电网新能源批发价
p_2	传统能源企业零售价
p_c	国家电网传统能源批发价
p_g	国家电网零售价格
w	国网：向传统企业采购比例为 ω，向新能源企业采购比例为 $1-\omega$
d	市场的潜在需求
θ_1, θ_2	$\theta_1 d$ 为国网市场需求，$(1-\theta_1)\theta_2 d$ 为传统能源企业市场需求，$(1-\theta_1)(1-\theta_2)d$ 为新能源企业市场需求

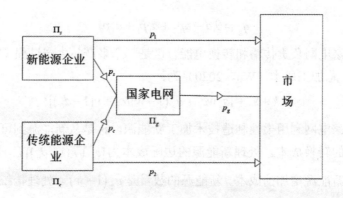

图 9-3　供求结构与变量命名

9.3　双渠道能源供应模型

（1）新能源企业总产量为

$$q_s = q_1 + q_g(1-w) \tag{9-1}$$

在方程（9-1）中，

$$q_1 = (1-\theta_1)(1-\theta_2)d - ap_1 + a_1 p_g + a_2 p_2 \tag{9-2}$$

新能源企业的利润用公式（9-3）表示，c_1 为成本因素。

$$\Pi_s = p_1 q_1 + p_s q_g(1-w) - c_1 q_s \tag{9-3}$$

（2）传统电力企业的总产量为

$$q_c = q_2 + q_g w \tag{9-4}$$

且

$$q_2 = (1-\theta_1)\theta_2 d - ap_2 + a_1 p_1 + a_3 p_g \tag{9-5}$$

传统电力企业的利润为：

$$\Pi_c = p_2 q_2 + p_c q_g w - c_2 q_c \tag{9-6}$$

c_2 为成本参数。

（3）国家电网的生产函数为

$$q_g = \theta_1 d - a p_2 + a_1 p_1 + a_3 p_2 \qquad (9\text{-}7)$$

国家电网负责传输和转换电能。这是一个多产品生产过程（Volker，2007）。总加工成本（Wu，2020）为：

$$c_g = k + s_0 + \{ q_g w c_r + q_g (1-w)[c_r + r(1-d_0)] \} \qquad (9\text{-}8)$$

国家电网利用柔性制造技术加工新能源，s_0 是从新能源到可直接利用能源的转换成本。处理新能源的边际成本为 $[c_r + r(1-d_0)]$，$r(1-d_0)$ 是处理新能源增加的成本。新能源的数量是 $q_g(1-w)$。处理传统电能的基本边际成本为 c_r，要处理的传统电能是 $q_g w$，k 为固定成本。

那么，国家电网的利润为：

$$\Pi_g = q_g p_g - p_s q_g (1-w) - p_c q_g w - c_g q_g \qquad (9\text{-}9)$$

9.4 市场均衡及其稳定性

9.4.1 纳什均衡

根据曼昆（Mankiw，2006）的假设，在垄断竞争市场中，企业将在每个时期设定最优价格。3 个能源企业根据上期边际利润调整价格，即遵循有限理性期望。动态模型如下：

$$
\begin{cases}
p_1' = p_1 + \alpha p_1 \dfrac{\partial \Pi_s}{\partial p_1} \\[2mm]
p_2' = p_2 + \beta p_2 \dfrac{\partial \Pi_c}{\partial p_2} \\[2mm]
p_g' = p_g + \gamma p_g \dfrac{\partial \Pi_g}{\partial p_g}
\end{cases}
\qquad (9\text{-}10)
$$

求解得到纳什均衡：

$$\begin{cases} \dfrac{\partial \Pi_s}{\partial p_1} = 0 \\[2mm] \dfrac{\partial \Pi_c}{\partial p_2} = 0 \\[2mm] \dfrac{\partial \Pi_g}{\partial p_g} = 0 \end{cases} \tag{9-11}$$

在系统（9-11）中，

$$\frac{\partial \Pi_1}{\partial p_1} = c_1[a + a_1(w-1)] + a_2 p_2 + a_1 p_g - a_1 p_s(w-1) + d(\theta_1 - 1)(\theta_2 - 1)$$

$$\frac{\partial \Pi_2}{\partial p_2} = a_1 p_1 - 2a p_2 + a_3 p_g + c_2(a - a_3 w) - d\theta_2(\theta_1 - 1) + a_3 p_c w$$

$$\frac{\partial \Pi_g}{\partial p_g} = ak + as_0 + acrw(a_1 p_1 + a_3 p_2 - a p_g + d\theta_1) - a(c_r - rd_0 + r)(w-1)$$
$$(a_1 p_1 + a_3 p_2 - a p_g + d\theta_1)] + a_1 p_1 + a_2 p_2 - 2a p_g + d\theta_1 + [ac_r w$$
$$- a(c_r - rd_0 + r)(w-1)](a_1 p_1 + a_2 p_2 - a p_g + d\theta_1) + a p_c w$$
$$- a p_s(w-1)$$

通过解系统（9-11），得到：

$$p_1^* = \frac{c_1[a + a_1(w-1)] + a_2 p_2 + a_1 p_g - a_1 p_s(w-1) + d(\theta_1 - 1)(\theta_2 - 1)}{2a}$$

$$p_2^* = \frac{a_2 p_1 + a_3 p_g + c_2(a - a_3 w) - d\theta_2(\theta_1 - 1) + a_3 p_c w}{2a}$$

$$p_g^* = \{a_1 p_1 + a_3 p_2 + d\theta_1 + [ac_r w - ac_r + ar(d_0 - 1)(w-1)](a_1 p_1 + a_3 p_2 + d\theta_1)$$
$$+ a[k + s_0 + c_r w(a_1 p_1 + a_3 p_2 + d\theta_1) - (cr - rd_0 + r)(w-1)(a_1 p_1 + a_3 p_2 + d\theta_1)]$$
$$- a p_s(w-1) + a p_c w\} \frac{1}{2a + 2a\{ac_r w - a[c_r - r(d_0 - 1)](w-1)\}}$$

因此，5 个均衡点分别为：

$E_0(0,0,0), E_1(p_1^*, p_2^*, p_g^*), E_2(0, p_2^*, p_g^*), E_3(p_1^*, 0, p_g^*), E_4(p_1^*, p_2^*, 0)$。

9.4.2　均衡的稳定性

通过雅可比矩阵、特征方程和 Jury 条件（Edlstein-Keshet，1992）研究 5 个平衡点的稳定性。

系统（9-10）的雅克比矩阵为：

$$\begin{vmatrix} D_1 & D_2 & D_3 \\ D_4 & D_5 & D_6 \\ D_7 & D_8 & D_9 \end{vmatrix} \qquad (9\text{-}12)$$

在（9-12）中，

$D_1 = \alpha[c_1(a + a_1w - 2a_1) - 2ap_1 + a_2p_2 + a_1p_g - a_1p_s(w-1) + d(\theta_1-1)(\theta_2-1)]$
$\quad - 2a\alpha p_1 + 1$

$D_2 = a_2\alpha p_1$

$D_3 = a_1\alpha p_1$

$D_4 = a_2\beta p_2$

$D_5 = \beta[a_2p_1 - 2ap_2 + a_3p_g + c_2(a-a_3w) - d\theta_2(\theta_1-1) + a_3p_cw] - 2a\beta p_2 + 1$

$D_6 = a_3\beta p_2$

$D_7 = \gamma p_g\{a_1 + a_1[ac_rw - a(c_r - rd_0 + r)(w-1)] + a[a_1c_rw - a_1(c_r - rd_0 + r)(w-1)]\}$

$D_8 = \gamma p_g\{a_3 + a_3[ac_rw - a(c_r - rd_0 + r)(w-1)] + a[a_3c_rw - a_3(c_r - rd_0 + r)(w-1)]\}$

$D_9 = \gamma\{a[k + s_0 + c_rw(a_1p_1 + a_3p_2 - ap_g + d\theta_1) - (c_r - rd_0 + r)(w-1)(a_1p_1 + a_3p_2$
$\quad - ap_g + d\theta_1)] + a_1p_1 + a_3p_2 - 2ap_g + d\theta_1 + [ac_rw - a(c_r - rd_0 + r)(w-1)]$
$\quad (a_1p_1 + a_3p_2 - ap_g + d\theta_1) - ap_s(w-1) + ap_cw\} - \gamma p_g\{2a + 2a[ac_rw$
$\quad - a(c_r - rd_0 + r)(w-1)]\} + 1$

雅克比矩阵的特征方程为：

$$f(\lambda) = \lambda^3 + A_2\lambda^2 + A_1\lambda + A_0 = 0 \qquad (9\text{-}13)$$

根据 Jury 条件，平衡点的稳定范围可以从以下不等式组中获得：

$$\begin{cases} 1 + A_2 + A_1 + A_0 > 0 \\ 1 - A_2 + A_1 - A_0 > 0 \\ 1 - A_0^2 > 0 \\ (1 - A_0^2)^2 - (A_1 - A_0A_2)^2 > 0 \end{cases} \qquad (9\text{-}14)$$

将 5 个平衡点带入不等式组（9-14），可以得到 5 个平衡点的稳定区域。然而，由于供应链结构过于复杂，我们无法获得解析解。因此，通过数值模拟探索平衡点的稳定性，使：

$$c_1 = 0.2; c_2 = 0.3; \theta_1 = 0.5; \theta_2 = 0.5; s_0 = 0.3; a = 0.4; a_1 = 0.2; a_2 = 0.2;$$
$$w = 0.5; d_0 = 0.1; r = 0.5; k = 0.5; d = 1; c_r = 0.1; p_s = 1; p_c = 1$$

获得 5 个平衡点的稳定区域。在图 9-4 中，可以看到 5 个平衡点的三维稳定区域，用 E_0，E_1，E_2，E_3，E_4 标示。

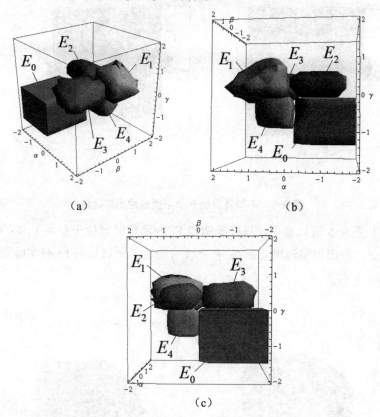

图 9-4　不同角度的 5 个均衡点的稳定区域

如图 9-4 所示，5 个平衡点的稳定域在不同的卦界（Hexagram）中：

$$E_0 \in Hexagram \ \mathrm{VII}(-, -, -);$$

$$E_1 \in Hexagram \ \mathrm{I} \, (+, +, +);$$

$$E_2 \in Hexagram \ \text{II}(-,+,+);$$

$$E_3 \in Hexagram \ \text{IV}(+,-,+);$$

$$E_4 \in Hexagram \ \text{VI}(-,+,-).$$

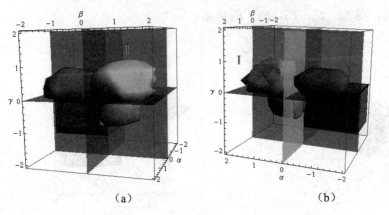

（a）　　　　　　　　　　（b）

图 9-5　不同卦界的 5 个平衡点的稳定区域

从图 9-5 可以看出，只有平衡点 E_1 的稳定区域位于卦界 I 内。在卦界 I 中，产出调整速度 $\alpha \geqslant 0$，$\beta \geqslant 0$，$\gamma \geqslant 0$，所以只有 E_1 有实际意义，如图 9-6 所示。

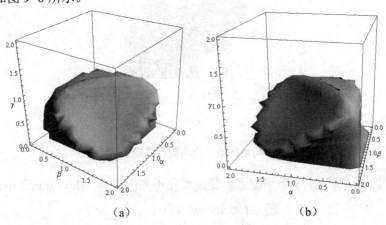

（a）　　　　　　　　　　（b）

图 9-6　F_1 的稳定域

9.5　市场均衡的动态演化

根据方程式（9-10），有限理性动态演化模型如下：

$$
\begin{cases}
p_1' = p_1 + \alpha p_1[c_1(a + a_1w - a_1) - 2ap_1 + a_2p_2 + a_1p_g - a_1p_s(w-1) \\
\quad + d(\theta_1 - 1)(\theta_2 - 1)] \\
p_2' = p_2 + \beta p_2[a_1p_1 - 2ap_2 + a_3p_g + c_2a - c_2a_3w - d\theta_2(\theta_1 - 1) \\
\quad + a_3p_cw] \\
p_g' = p_g + \gamma p_g\{a[crw(a_1p_1 + a_3p_2 - ap_g + d\theta_1) - (c_r - rd_0 + r) \\
\quad (w-1)(a_1p_1 + a_3p_2 - ap_g + d\theta_1)] + [ac_rw - a(c_r - rd_0 + r) \\
\quad (w-1)](a_1p_1 + a_3p_2 - ap_g + d\theta_1) + ap_cw - ap_s(w-1) + a_1p_1 \\
\quad + a_3p_2 - 2ap_g + d\theta_1\}
\end{cases}
\tag{9-15}
$$

如果在有限理性模型中加快价格调整速度，就会打破均衡，出现周期和混沌现象（Wang et al.，2013；Wu and Ma，2018）。

图9-7显示了调整参数变化时价格的时间序列。

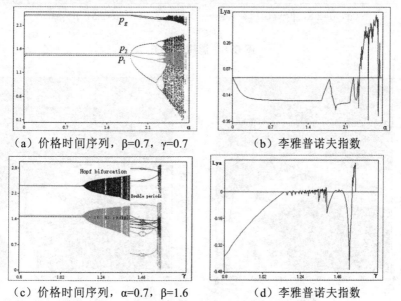

（a）价格时间序列，β=0.7，γ=0.7　　　　　（b）李雅普诺夫指数

（c）价格时间序列，α=0.7，β=1.6　　　　　（d）李雅普诺夫指数

图9-7　价格分岔图与对应的李雅普诺夫指数

在图 9-7（a）中，纳什均衡后，出现 2 周期、4 周期、8 周期（即倍周期）现象，系统进入混沌状态。图 9-7（b）为最大李雅普诺夫指数。当李雅普诺夫指数大于 0 时，电价进入无序随机混沌状态。此时，竞争激烈的市场电价波动较大，电能供应的不确定性风险增加。在图 9-7（c）中，系统出现 Hopf 分岔、倍周期（double periods），然后再次进入混沌，这种现象也称为间歇性混沌。图 9-7（d）是最大李雅普诺夫指数指数。图 9-8 是混沌状态的混沌吸引子。

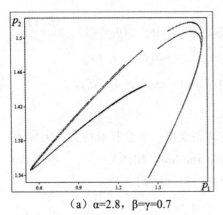
（a）α=2.8，β=γ=0.7

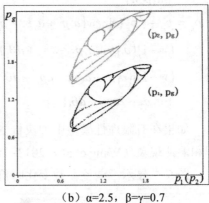
（b）α=2.5，β=γ=0.7

图 9-8　混沌吸引子

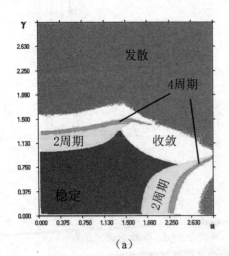
（a）

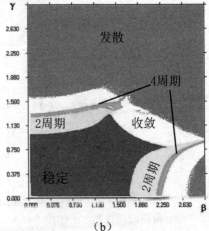
（b）

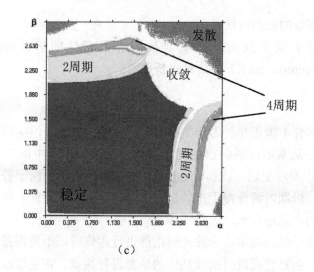

(c)

图 9-9　参数图

参数图可以清楚地显示出系统随价格调整速度参数变化的演变过程。图 9-9 是不同参数集的参数基。（稳定、2 周期、4 周期、收敛和发散区域已被标出）。该系统对参数 α 和 β 具有相似的敏感性。与新能源和传统能源企业相比，市场对国家电网的调价速度参数 γ 更敏感。在供应链结构方面，国网调价将使整个供应链面临更大的波动风险。双渠道供应商，即新能源和传统能源企业也将卷入此次波动。

9.6　粘性期望

9.6.1　能源价格的粘性期望模型

常用的价格调整策略有两种：状态相关定价模式（state-dependent pricing，SDP）和时间相关定价模式（time-dependent pricing，TDP）。在 SDP 中，企业根据最近的利润或成本来调整价格，纳什均衡和有限理性期望都基于 SDP 原理。在 TDP 模型中，企业在固定时间调整价格。本节将有限理性模型推广到 TDP 模型，粘性信息用于扩展弹性模型（此弹性模型基于有限理性模型构建）以构建粘性期望。通过模拟进一步探索粘性期望的动态特性。

对于竞争性市场，主要使用有限理性期望（bounded rational expectations，BRE）的信息更新规则。

$$p^{'} = p + \alpha \frac{d\prod}{dp} \qquad (9\text{-}16)$$

尽管中国正在努力实施电力行业市场化改革，但实际上，电力行业仍处于从垄断市场向自由竞争市场的过渡阶段。中国电力企业平均每4～9个季度更新一次信息（Bian et al.，2016），不同于普通竞争产品的调价，短期内调价慢于市场价格变化，具有粘性特征。除了电能产品，类似的产品还有水、天然气等。

由于信息成本，企业在对电能进行定价时，不使用最新的信息进行决策，而是使用过时的或粘性的信息进行决策。正是经济实体之间传播的滞后信息导致了价格粘性。方程（9-17）假设在 t 时期，过去某一时期的信息更新价格的概率为 δ，这部分称为时间相关定价；前一时期的市场均衡更新价格的概率为 $1-\delta$，这部分称为状态相关定价。均衡价格是衡量收入的结果。

因此，电价遵循粘性更新机制，如式（9-17）所示：

$$p_t = (1-\delta)p_{t-1}^* + \delta \overline{p_{BRE}} \qquad (9\text{-}17)$$

$\overline{p_{BRE}}$ 代表一定时期内基于有限理性期望的平均价格水平，即：

$$\overline{p_{BRE}} = Average(p_{k\_BRE}), k = k-j,...,k-1$$
$$= \frac{1}{j}\sum_{k=k-j}^{k-1}(p + \alpha p \frac{\partial \prod}{\partial p}) \qquad (9\text{-}18)$$

每 j 个周期评估一次价格，k 代表当前时期。因此，

$$\overline{p_{1-BRE}} = \frac{1}{j}\sum_{k=k-j}^{k-1}(p_1 + \alpha p_1 \frac{\partial \prod_1}{\partial p_1})$$
$$\overline{p_{2-BRE}} = \frac{1}{j}\sum_{k=k-j}^{k-1}(p_2 + \beta p_2 \frac{\partial \prod_2}{\partial p_2}) \qquad (9\text{-}19)$$
$$\overline{p_{g-BRE}} = \frac{1}{j}\sum_{k=k-j}^{k-1}(p_g + \gamma p_g \frac{\partial \prod_g}{\partial p_g})$$

p^* 是纳什均衡价格。在纳什均衡下，企业的边际利润为0，这是系

统的最优价格。

根据双粘性菲利普斯模型（Bian et al.，2016；Bill et al.，2010）的数学表达式，考虑价格迭代和粘性信息：粘性价格由最新的有限理性周期性评估价格和市场均衡价格的加权平均组成。粘性价格的动态调整方程为：

$$
\begin{cases}
p_1' = (1-\delta_1)\, p_1^* + \delta_1\, \overline{p_{1\text{-BRE}}} \\
p_2' = (1-\delta_2)\, p_2^* + \delta_2\, \overline{p_{2\text{-BRE}}} \\
p_g' = (1-\delta_g)\, p_g^* + \delta_g\, \overline{p_{g\text{-BRE}}}
\end{cases}
\tag{9-20}
$$

9.6.2　仿真模拟

在本节中，粘性动态期望的复杂特征将通过数值模拟进行分析。该模型具有以下动态特性。

即：

$$
\begin{cases}
\begin{aligned}
p_1' =\; & (1-\delta_1)\frac{c_1(a+a_1 w-a_1)+a_2 p_2+a_1 p_g-a_1 p_s(w-1)+d(\theta_1-1)(\theta_2-1)}{2a} \\
& + \delta_1\, \overline{p_{1\text{-BRE}}} \\
p_2' =\; & (1-\delta_2)\frac{a_1 p_1+a_3 p_g+c_2(a-a_3 w)-d\theta_2(\theta_1-1)+a_3 p_c w}{2a}+\delta_2\, \overline{p_{2\text{-BRE}}} \\
p_g' =\; & \frac{1-\delta_g}{2a+2a[ac_r w-a(c_r-rd_0+r)(w-1)]}\{a_1 p_1+a_3 p_2+d\theta_1 \\
& + [ac_r w-a(c_r-rd_0+r)(w-1)](a_1 p_1+a_3 p_2+d\theta_1) \\
& + a[k+s_0+c_r w(a_1 p_1+a_3 p_2+d\theta_1)-(c_r-rd_0+r)(w-1)(a_1 p_1+a_2 p_2+d\theta_1)] \\
& - a p_s(w-1)+a p_c w\}+\delta_g\, \overline{p_{g\text{-BRE}}}
\end{aligned}
\end{cases}
\tag{9-21}
$$

（1）Hopf 分岔

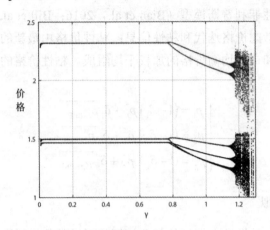

图 9-10　价格时间序列（α = β =1.23）

在图 9-10 中，价格最终进入 2 轨道分岔、Hopf 分岔和混沌。

（2）3 轨道分岔

在图 9-11 中，随着国网调价速度 γ 的增加，系统从稳态进入 2 轨道。随后，与有限理性期望模型不同，这种粘性期望模型从 2 轨道进入 3 轨道（3-oribit）分岔，而不是 Flip 分岔（即 2 轨道、4 轨道、8 轨道）。接着，系统从 3 轨道分岔进入 Hopf 分岔，最后通过切分岔（tangential bifurcation）进入混沌。我们将其称为 3 轨道 Flip-Hopf 分岔。图 9-11（b）是图 9-11（a）的局部放大图。

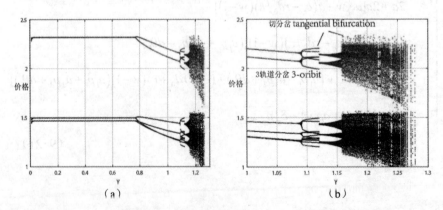

图 9-11　价格时间序列（α = β =1.25）

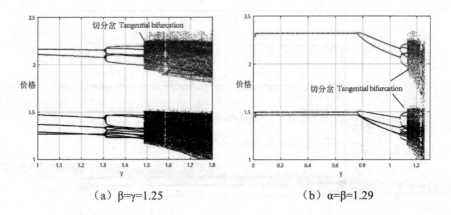

（a）β=γ=1.25   （b）α=β=1.29

图 9-12   价格时间序列

图 9-12（a）和（b）中也出现了 3 轨道分岔，模型通过切分岔由 3 轨道进入混沌。切分岔意味着 3 轨分岔的结束和混沌的开始。

（3）3 轨道分岔的自相似结构

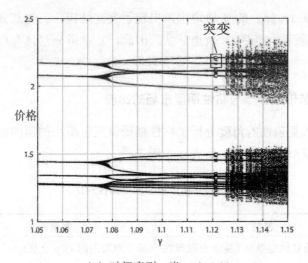

（a）时间序列，当 α=β=1.29

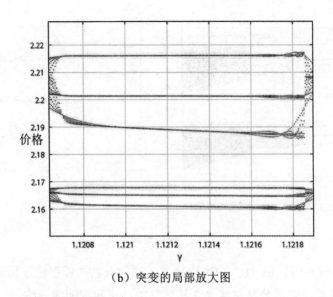

（b）突变的局部放大图

图 9-13   3 轨道分岔的自相似结构

在图 9-13（a）的 3 轨道中，出现了突变结构。突变部分放大如图 9-13（b）所示，也是 3 轨道分岔。因此，3 轨道分岔具有自相似突变特性。

9.6.3   状态依赖市场与粘性期望市场的比较

本章从复杂性的角度分析了粘性期望供应链蕴涵的新的动态特征，并对两类模型进行比较，如表 9-2 所示。

表 9-2   两个模型的复杂性对比

模型	复杂特征
双渠道多能量供电模型（基于有限理性期望）	基于双周期的 Flip 分岔；Hopf 分岔
基于双通道多能源产品的粘性期望供电模型	3 轨道分岔；突变

可以看出，在粘性期望模型中，发生了 3 轨道分岔，并且 3 轨道分

岔具有自相似结构。

9.7 本章小结

基于中国电力侧给侧改革实践，本章构建了具有有限理性期望的双渠道多能源供应链模型。在供应链网络中，竞争给市场带来了更大的不确定性，国家电网调价将使整个供应链面临更大的波动风险。双渠道供应商，即新能源和传统能源企业也将卷入此次波动。本章运用复杂性理论研究了竞争性、双渠道、多产品供应模型的动态特征；数值模拟用于分析市场的多重均衡；讨论了均衡的实际意义；通过参数基图、时间序列和李雅普诺夫指数研究了模型的分岔和混沌动力学特性。

电能是具有粘性价格特征的社会福利产品。一些学者认为，粘性价格使市场变得更加复杂（Zhao et al., 2019）。基于此观点，本章建立了基于时间相关定价模式理论的粘性期望价格调整模型，研究了模型的动态特性，发现了不同于有限理性模型的新现象：3 轨道分岔、突变以及分形。本章还比较了两类模型（有限理性期望模型和粘性期望模型）的复杂特征，从复杂动力学的新视角论证了前人的论点：粘性期望使经济系统更加复杂，研究为探索动态变化的中国电力市场提供了策略参考。

第十章　总结与展望

　　竞争市场复杂风险的感知、预警和防范化解意义重大。本书从如下方面研究了竞争博弈中稳定均衡的判定、复杂波动特征及控制，分别为：多产品价格-产量混合模型；差异化市场预期三寡头多产品竞争；交互持股和部分私有化背景下的双寡头多产品竞争；委托代理情境下竞争市场博弈；非线性附生供应链多渠道、多产品竞争博弈；考虑技术生命周期的车联网传感器市场；基于技术扩散的竞争博弈；基于技术生命周期和多信息融合的离散博弈；基于粘性价格的双渠道多能源供应模型。

　　根据国内外最新的发展趋势，如下三方面将是值得研究的问题。

　　（1）基于大数据和人工智能的市场预期

　　市场预期是造成复杂性的主要原因，尤其是有限理性期望：基于前期的利润决定当前的生产决策。大数据和人工智能已经改变了市场预期的结构。我们将智能预期定义为：使用基于历史数据的机器学习算法，进行案例推导、类比、统计以获得知识，并估计未来。政策制定者根据自己的经验和人工智能的计算结果对未来进行预判。智能预期也体现了适应性、动态性和进化性的复杂特点。大数据和人工智能驱动的新预期规则的基本结构是：数据→算法→人机交互→智能预期，如图 10-1 所示。首先，只有在高质量数据的基础上才能得出正确的结果。其次，智能算法应在正确的数据上运行，并且算法的有效性也直接影响到决策的正确性。当结果产生后，决策者根据人工智能给出的结果，结合自身的喜好，做出决定。最终一个新的人机混合的市场预期出现。

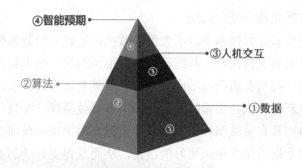

图 10-1　智能预期的结构

在 GitHub 网站（开源代码库）上，学者们已经使用 Python 程序对股票市场进行预测。例如，苹果企业股票预测的流程如图 10-2 所示。首先，通过 Python 收集苹果企业纳斯达克指数的历史数据。其次，通过 Python 建立人工智能程序，如长短期记忆（long short-term memory）模型，以分析数据并给出未来的股票趋势。用户参考人工智能的预测并结合个人喜好，做出最终决定。那么，新的市场预期会给经济带来什么？这是一个亟需研究的课题。

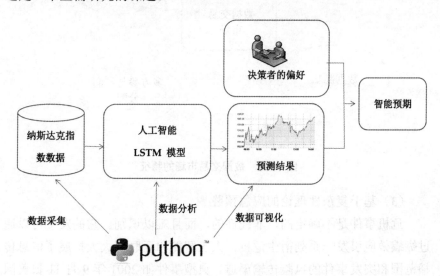

图 10-2　使用 Python 进行智能预期

（2）数据交易的复杂风险

物联网和云计算技术导致了大量的数据，处理后的数据被用于训练人工智能算法和支持决策。数据通过数据市场购买，由于数据产品的特殊性，数据产品与普通产品不同。①数据可重复使用和共享。当数据被挖掘以产生新的知识和决策时，原始数据不会被消耗，并且可以被重新使用。②数据具有质量属性。收集到的数据在用于决策前需要进行预处理。更好的数据质量会带来更好的决策，从而获得更好的利润。③利益分配与传统产品不同。最初的数据生产者和之后的数据处理者都应该享受利润的分配。另外，数据隐私问题会使数据交易市场滞后。数据市场的特点如图 10-3 所示。数据交易市场的复杂动态和演变是一个新的研究课题。

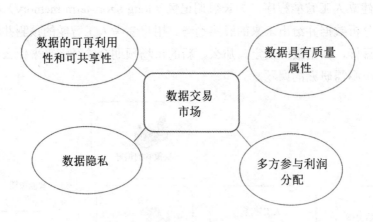

图 10-3　数据交易市场的特征

（3）基于复杂性理论的应急预警

危机事件是不确定的、非线性的，而且难以识别。它的发生可以通过蝴蝶效应引发一系列衍生危机。人工智能和互联网大大扩展了信息传播范围和突发事件的风险传输渠道。典型事件如 2001 年 9 月 11 日美国世贸中心和华盛顿五角大楼的恐怖袭击。"9·11"突发事件给美国和世界经济带来了一系列的衍生风险，旅游、保险、航空的道琼斯指数暴跌，汽油价格暴跌。由突发事件引起的蝴蝶效应对全球经济造成了巨大的负面影响。利用复杂性理论预测突发事件的衍生风险是一个新的研究课题。可以从以下三个方面展开：①可能引发衍生风险事件的影响因素；②复杂风险和蝴蝶效应的演化路径；③混沌风险控制，包括市场波动控制和系统稳健性研究。

参考文献

陈收，蒲石，方颖，等. 数字经济的新规律[J]. 管理科学学报，2021，24（8）：36-47.

范如国，朱超平，林金钗. 基于复杂网络的中国区域环境治理效率关联性演化分析[J]. 系统工程，2019，37（2）：1-11.

范如国. 平台技术赋能、公共博弈与复杂适应性治理[J]. 中国社会科学，2021（12）：131-152，202.

高自友，吴建军.出行者博弈、网络结构与城市交通系统复杂性[J]. 复杂系统与复杂性科学，2010，7（4）：55-64.

梁茹，陈永泰，徐峰，等. 社会系统多元情景可计算模式研究[J]. 管理科学学报，2017，20（1）：53-63.

麦强，盛昭瀚，安实，等. 重大工程管理决策复杂性及复杂性降解原理[J]. 管理科学学报，2019，22（8）：17-32.

苗东升. 复杂性研究的现状与展望[J]. 系统科学学报，2001（4）：3-9.

钱学敏. 钱学森关于复杂系统与大成智慧的探索[C]. 钱学森系统科学思想报告会. 中国系统工程学会，2005.

盛昭瀚，薛小龙，安实. 构建中国特色重大工程管理理论体系与话语体系[J]. 管理世界，2019（4）：2-16，51.

谭德庆，王朋，Cournot-Bertrand 多维博弈模型及其均衡分析[J]. 科研管理，2005，26（4）：156-160.

汪寿阳，胡毅，熊熊，等. 复杂系统管理理论与方法研究[J]. 管理科学学报，2021，24（8）：1-9.

吴安波，葛晨晨，孙林辉，等. 基于深度学习的颜值估计与电商精准营销[J]. 工业工程与管理，2019，24（6）：124-131.

吴芳，杜其光，张京京，等. 物联网技术改造提升天津传统农业对策研究[J]. 中国农机化学报，2018，39（6）：114-118.

吴启迪，乔非，李莉，等. 基于数据的复杂制造过程调度[J]. 自动化学报，2009，35（6）：807-813.

中关村信息技术和实体经济融合发展联盟，中国企业联合会，等.《国有企业数字化转型发展指数与方法路径白皮书》[R/OL]. (2021-12-13) [2021-12-30]. http://www.clii.com.cn/lhrh/hyxx/202112/P020211215020914. pdf.

朱志国，周雨禾，王谢宁. 移动商务中融合签到位置与用户间相似性的兴趣点精准推荐[J]. 系统工程理论与实践，2020，40（2）：462-469.

AHMED E, AGIZA H N. Dynamics of a Cournot game with n-competitors. Chaos, Solitons Fractals, 1998, 9(9): 1513-1517.

AHMED E, AGIZA H N, HASSAN S Z. On modifications of Puu's dynamical duopoly. Chaos, Solitons Fractals, 2000, 11(7): 1025-1028.

ARTHUR W B. Complexity and the economy[J]. Science, 1999, 284: 107-109.

ARTHUR W B. Complextiy and the economy[M]. Oxford University Press, 2014.

ARTHUR W B. Foundations of complexity economics[J]. Nat. Rev. Phys. 2021, 3: 5.

ARYA A, MITTENDORF B, SAPPINGTON D E M. Outsourcing, vertical integration, and price vs. quantity competition[J]. International Journal of Industrial Organization, 2008, 26(1): 1-16.

ASKAR S S. Tripoly stackelberg game model: one leader versus two followers[J]. Appl. Math. Comput, 2018, 328: 301-311.

BACHMANN C, ABDULHAI B, ROORDA M J, et al. A comparative assessment of multi-sensor data fusion techniques for freeway traffic speed estimation using microsimulation modeling[J]. Transportation Research Part C: Emerging Technologies, 2013, 26: 33-48.

BAIARDI L C, LAMANTIA F, RADI D. Evolutionary competition between boundedly rational behavioral rules in oligopoly games[J]. Chaos,

Solitions & Fractals, 2015, 79: 204-225.

BALL P. Social science goes virtual[J]. Nature, 2007, 448, 647-648.

BARNES A P, SOTO I, EORY V, et al. Exploring the adoption of precision agricultural technologies: a cross regional study of eu farmers[J]. Land Use Policy, 2019, 80: 163-174.

BENNETT J, MAW J. Privatization and market structure in a transition economy[J]. Journal of Public Economics, 2000, 77(3): 357-382.

BENNETT J, MAW J. Privatization, partial state ownership, and competition[J]. Journal of Comparative Economics. 2003, 31(1): 58-74.

BERNARD A B, REDDING S I, SCHOTT P K. Multiple-product firms and product switching[J]. American Economic Review, 2010, 100(1): 70-97.

BIAN Z C, HU H Q. Sticky price, sticky information and China's Phillips Curve[J]. World Economy, 2016, 39(4): 22-43.

BISCHI G I, MERLONE U, PRUSCINI E. Evolutionary dynamics in club goods binary games[J]. Journal of Economic Dynamics and Control, 2018, 91: 104-119.

BOURSIANIS A D, PAPADOPOULOU M S, DIAMANTOULAKIS P, et al. Internet of things (IoT) and agricultural unmanned aerial vehicles (UAVs) in smart farming: a comprehensive review[J]. Internet of Things, 2020, Article 100187.

BRANDER J A, EATON J. Product line rivalry[J]. The American Economic Review, 1984, 74(3):323-334.

BYLKA S, KOMAR J. Cournot-Bertrnad mixed oligopolies[C]. in M. Beckmand H. P. Künize eds., Warsaw Fall Seminars in Mathematical Economics 1975 (Lecture Notes in Economics and Mathematical Systems 133), Springer-Verlag, 1976: 22-33.

CASTELLANI M, GIULI M. An existence result for quasiequilibrium problems in separable Banach spaces[J]. Journal of Mathematical Analysis & Applications, 2015, 425(1): 85-95.

CAVALLI F, NAIMZADA A. Complex dynamics and multistability

with increasing rationality in market games[J]. Chaos Solitons Fractals, 2016, 93: 151-161.

CHISHOLMA D C, NORMAN G. Market access and competition in product lines[J]. International Journal of Industrial Organization, 2012, 30(5): 429-435.

CLAUDIO A G P. Competition in a duopoly with sticky price and advertising[J]. International Journal of Industrial Organization, 2000, 18: 595-614.

COHEN M A, WHANG S. Competing in product and service: a product life-cycle model[J]. Management Science, 1997, 43(4): 535-545.

COMIN D A, GERTLER M, SANTACREU A M. Technology innovation and diffusion as sources of output and asset price fluctuations[J]. Social Science Electronic Publishing, 2009.

DAVID H, HEITH C K C. Market structure of multi-product firms under free entry[J]. Economics Letters, 1998, 61(2): 159-163.

DUPOR B, TAKAYUKI T. Integrating sticky prices and sticky information[J]. The Review of Economics and Statistics, 2010, 2(3): 657-669.

EATON B C, SCHMITT N. Flexible manufacturing and market structure[J]. The American Economic Review, 1994, 84(4): 875-888.

EDLSTEIN-KESHET L. Mathematical models in biology[M]. Random House. New York, Cambridge, 1992.

ELSADANY A A, AWAD A M. Dynamical analysis and chaos control in a heterogeneous Kopel duopoly game[J]. Indian J. Pure Appl. Math, 2016, 47: 617-639.

EZENNE G I, JUPP L, MANTEL S K, et al. Current and potential capabilities of UAS for crop water productivity in precision agriculture[J]. Agricultural Water Management, 2019, 218:158-164.

FAN R, LUO M, ZHANG P. A study on evolution of energy intensity in China with heterogeneity and rebound effect[J]. Energy, 2016, 99(15): 159-169.

FANTI L, GORI L, SODINI M. Nonlinear dynamics in a Cournot duopoly with relative profit delegation[J]. Chaos, Solitons & Fractals, 2012, 45(12): 1469-1478.

FAR S T, REZAEI-MOGHADDAM K. Impacts of the precision agricultural technologies in iran: an analysis experts' perception & their determinants[J]. Information Processing in Agriculture, 2018, 5(1): 173-184.

FERSHTMAN C, JUDD K L. Equilibrium incentives in oligopoly[J]. The American Economic Review, 1987, 77(5): 927-940.

FERSHTMAN C, KAMIEN I M. Dynamic duopolistic competition with sticky prices[J]. Econometrica, 1987, 55: 1151-1164.

FIGUS G, MCGREGOR P. Do sticky energy prices impact the time paths of rebound effffects associated with energy effiffifficiency actions[J]. Energy Economics, 2020, 86, 104657.

FORRESTER J W. System dynamics, system thinking and soft OR[J]. System Dynamics Review, 1994, 10(2):1-14.

FRAJA G D, DELBONO F. Alternative strategies of a public enterprise in oligopoly[J]. Oxford Economic Papers, 1989, 41(1): 302-311.

FRAJA G D, DELBONO F. Game-theoretic models of mixed oligopoly[J]. Journal of Economic Surveys, 1990, 4(1): 1-17.

GALLEGON A G, GEORGANTZIS N. Multiproduct activity in an experimental differentiated oligopoly[J]. International Journal of Industrial Organization, 2001, 19(3-4): 493-518.

GAO Q, MA J H. Chaos and Hopf bifurcation of a finance system[J]. Nonlinear Dyn, 2009, 58: 209-216.

GARMANI H, OMAR D A, EL AMRANI M, et al. A dynamic duopoly game with content providers bounded rationality[J]. Int. J. Bifurc. Chaos, 2020, 30, 2050095.

GERACI R M. Moore's law[M]//Encyclopedia of Sciences and Religions, 2013:1364.

GORI L F L, SODINI M. Nonlinear dynamics in a Cournot duopoly with relative profit delegation[J]. Chaos, Solitons & Fractals, 2012, 45(12): 1469-1478.

HACKNER J. A note on price and quantity competition in differentiated oligopolies[J]. Journal of Economic Theory, 2000. 93(2): 233-239.

HARVEY E L, DAVID A H. A note on cost arrangement and market performance in a multi-product Cournot oligopoly[J]. International Journal of Industrial Organization, 2006, 24(3): 583-591.

HE S, CHENG Y, RAN B, et al. Neural network based freeway traffic state data fusion system using cellular handoff probe system and microwave sensors[R]. Transportation Research Board Annual Meeting, 2015.

HIGGINS S, SCHELLBERG J, BAILEY J S. Improving productivity and increasing the efficiency of soil nutrient management on grassland farms in the uk and ireland using precision agriculture technology[J]. European Journal of Agronomy, 2019, 106: 67-74.

HOLLAND J. Adaptation in natural and artificial systems[M]. University of Michigan Press, Ann Arbor., 1975.

JAIN R, PAL R. Mixed duopoly, cross-ownership and partial privatization[J]. J Econ, 2012, 107(1): 45-70.

JANSEN T, VAN LIER A, VAN WITTELOOSTUIJN A. A note on strategic delegation: the market share case[J]. International Journal of Industrial Organization, 2007, 25, (3): 531-539.

JOHN N R, OWEN J H G, FUCH E, et al. Digital atomic scale fabrication an inverse Moore's Law-A path to atomically precise manufacturing[J]. Micro and Nano Engineering, 2018, 1; 1-14.

JORDI G. Monetary policy, inflflation, and the business cycle: an introduction to the new keynesian framework and its applications[M]. Princeton University Press, 2015.

KABIR K M A, KUGA K, TANIMOTO J. The impact of information spreading on epidemic vaccination game dynamics in a heterogeneous complex network-a theoretical approach[J]. Chaos Solitons Fractals, 2019,

132: 960-779.

KASHET L E. Mathematical models in biology[J]. NY: Random House, 1992.

KESAVAYUTH D, ZIKOS V. R&D versus output subsidies in mixed markets[J]. Economics Letters, 2013, 118(2): 293-296.

KOPEL M, LAMANTIA F, SZIDAROVSZKY F. Evolutionary competition in a mixed market with socially concerned firms[J]. Journal of Economic Dynamics & Control, 2014, 48(nov.): 394-409.

LAMPART M, LAMPARTOVA A. Chaos control and anti-control of the heterogeneous cournot oligopoly model[J]. Mathematics, 2020, 8(10): 1670.

LEDVINA A, SIRCAR R. Dynamic bertrand oligopoly[J]. Appl. Math. Optim, 2011, 63: 11-44.

LI D M. Text mining model for virtual community user portrait based on social network analysis[J]. Tehnicki Vjesnik-Technical Gazette, 2019, 26 (4): 1145-1151.

LI P, YAN J, XU C, et al. Understanding dynamics and bifurcation control mechanism for a fractional-order delayed duopoly game model in insurance market[J]. Fractal Fract, 2022, 6(5): 270.

LI T Y, YORKE A. Period three implies chaos[J]. The American Mathematical Monthly, 1975, 82(10): 985-992.

LIN P, ZHOU W. The effects of competition on the R&D portfolios of multiproduct firms[J]. International Journal of Industrial Organization, 2013, 31(1): 83-91.

LIU H P. Big data precision marketing and consumer behavior analysis based on fuzzy clustering and PCA model[J]. Journal of Intelligent & Fuzzy Systems, 2021, 40 (4): 6529-6539.

LU F, TANG W. Cooperative advertising: a way escaping from the prisoners dilemma in a supply chain with sticky price[J]. Omega, 2019, 86: 87-106.

MA J H, PU X S. The research on Cournot-Bertrand duopoly model with heterogeneous goods and its complex characteristic[J]. Nonlinear Dynamics, 2013, 72(4): 895-903.

MA J H, REN W. Complexity and Hopf bifurcation analysis on a kind of fractional-order IS-LM macroeconomic system[J]. Int. J. Bifurc. Chaos, 2016, 26, 1650181.

MA J H, TIAN Y, LIU C. Studying the complexity of multichannel supply chain with different power structures under carbon subsidy policy[J]. International Journal of Bifurcation and Chaos, 2021, 31(11).

MA J H, TU H. Analysis of the stability and Hopf bifurcation of money supply delay in complex macroeconomic models[J]. Nonlinear Dyn, 2013, 76, 497-508.

MA J H, WU F. The application and complexity analysis about a high-dimension discrete dynamical system based on heterogeneous triopoly game with multi-product[J]. Nonlinear Dyn, 2014, 77: 781-792.

MA J H, ZHANG J L. Price game and chaos control among three oligarchs with different rationalities in property insurance market[J]. Chao, 2012, 22, 043120.

MACCORMACK A. Embracing uncertainty[J]. MIT Technology Review Website, 2013.

MAGDA F. The Santa Fe Perspective on Economics: emerging patterns in the science of complexity[J]. History of Economic Zdeas, 2010, 18(2): 167-169.

MANKIW N G. Principles of economics[M]. 5th edition, South-Western Cengage Learning, 2011.

MATSUMOTO A, NONAKA Y. Statistical dynamics in a chaotic cournot model with complementary goods[J]. Journal of Economic Behavior & Organization, 2006, 61(4): 769-783.

MATSUMURA T, MATSUSHIMA N, ISHIBASHI I. Privatization and entries of foreign enterprises in a differentiated industry[J]. Journal of Economics, 2009, 98(3): 203-219.

MATSUMURA T, SHIMIZU D. Privatization waves[J]. The Manchester School, 2010, 78: 609-625.

MAURER M. Forward collision warning and avoidance[M]. In: Eskandarian, A. (eds) Handbook of Intelligent Vehicles. Springer, London, 2012.

MERRILL W, SCHNEIDER N. Government firms in oligopoly industries: a short-run analysis[J]. Quarterly Journal of Economics, 1966, 80(3): 400-412.

NAIMZADA A K, TRAMONTANA F. Dynamic properties of a Cournot-Bertrand duopoly game with differentiated products[J]. Economic Modelling, 2012, 290(4) :1436-1439.

PATRÍCIO D I, Rieder R, Computer vision and artificial intelligence in precision agriculture for grain crops: a systematic review[J]. Computers and Electronics in Agriculture, 2018, 153:69-81.

PENG Y, LU Q. Complex dynamics analysis for a duopoly Stackelberg game model with bounded rationality[J]. Appl. Math Comput, 2015, 271: 259-268.

PENG Y, XIAO Y, LU Q, et al. Chaotic dynamics in Cournot duopoly model with bounded rationality based on relative profit delegation maximization[J]. Phys. A Stat. Mech. Appl., 2020, 560, 125174.

PEROTTI E. Credible privatization[J]. Am. Econ. Rev., 1995, 85(4): 847-859.

PUU T. Chaos in duopoly pricing, Chaos, Solitons Fractals, 1991, 1(6): 573-581.

RAY W. Nonlinear Dynamics, Chaos and instability statistical theory and economic evidence[J]. Journal of the Operational Research Society, 1993, 44(2): 202-203.

RITZ R Z. Strategic incentives for market share[J]. International Journal of Industrial Organization, 2008, 26(2): 586-597.

ROBERTO C, LUCA L. A differential oligopoly game with differentiated goods and sticky prices[J]. European Journal of Operational Research, 2007, 176: 1131-1144.

RODRIGO A M, ERICO L R. Intermittent chaos in nonlinear wave-wave interactions in space plasmas[J]. Journal of Atmospheric and Solar-Terrestrial Physics, 2005, 67(17-18): 1852-1858.

RUMP C M, STIDHAM S. Stability and chaos in input pricing for a service facility with adaptive customer response to congestion[J]. Manag. Sci., 1998, 44: 246-261.

SCHWEIZER P J, GOBLE R, RENN O. Social perception of systemic risks[J]. Risk Analysis, 2021, Oct 2.

SHI J, HE K, FANG H. Chaos, Hopf bifurcation and control of a fractional-order delay financial system[J]. Mathematics and Computers in Simulation, 2022, 194: 348-364.

SHUNICHI T, MINO M. Nonlinear strategies in dynamic duopolistic competition with sticky prices[J]. Journal of Economic Theory, 1990, 52: 136-161.

SI F, MA J H. Complex dynamics in a triopoly game with multiple delays in the competition of green product level[J]. International Journal of Bifurcation and Chaos, 2018, 28(2), Article ID 1850027.

SINGH N, VIVES X. Price and quantity competition in a differentiated duopoly[J]. The RAND Journal of Economics, 1984. 15(4): 546-554.

SKLIVAS S D. The strategic choice of managerial incentives[J]. RAND Journal of Economics, 1987, 18(3): 452-458.

SUN J, ZHAO H Q, et al. Purchasing behavior analysis based on customer's data portrait model[A]. 2019 IEEE 43RD Annual Computer Software and Applications Conference (COMPSAC), 2019, 1: 52-357.

SUN Z, MA J H. Complexity of triopoly price game in Chinese cold rolled steel market. Nonlinear Dyn, 2011, 67: 2001-2008.

TAISEI K. Intermittent chaos in a model of financial markets with heterogeneous agents[J]. Chaos, Solitons and Fractals, 2004, 20(2): 323-327.

TANG A K, YANG H Y. Agricultural chemical oxygen demand mitigation under various policies in China: a scenario analysis[J]. Journal of Cleaner Production, 2020, 250, Article. 119513.

TOMASZ D T. Nonlinear dynamics in a heterogeneous duopoly game with adjusting players and diseconomies of scale[J]. Communications in Nonlinear Science & Numerical Simulation, 2011, 16(1): 296-308.

TREMBLAY C H, TREMBLAY V J. The Cournot-Bertrand model and the degree of product differentiation[J]. Economics Letters, 2011, 111 (3): 233-235.

VICKERS J. Delegation and the theory of the firm[J]. Economic Journal (Suppl.), 1985, 95: 138-147.

VOLLER V R, PORTÉ-AGEL F. Moore's law and numerical modeling[J]. Journal of Computational Physics, 2002, 179(2): 698-703.

WAGLE U R. The institutional economics of corruption and reform: theory, evidence, and policy[M]. The Institutional Economics of Corruption and Reform: Theory, Evidence and Policy, Cambridge University Press, 2007.

WANG, H W, MA J H. Complexity analysis of a Cournot-Bertrand duopoly game model with limited information[J]. Discrete Dynamics in Nature and Society, 2013: 77-80.

WARFIELD J N. Societal systems planning, policy and complexity[J]. Cybernetics and Systems. 1978, 8: 113-115.

WHITE M D. Mixed oligopoly, privatization and subsidization[J]. Economics Letters, 1996, 53(2): 189-195.

WU F, MA J H, LI Y. Complex fluctuation of power price in dual-channel and multienergy supply chain based on sticky expectation[J]. International Journal of Bifurcation and Chaos, 2021, 31(14): 206-215.

WU F, MA J H. Evolution dynamics of agricultural internet of things technology promotion and adoption in China[J]. Discrete Dynamics in Nature and Society, 2020, 2020: 1-18.

WU F, MA J H. The chaos dynamic of multiproduct Cournot duopoly game with managerial delegation. Discret[J]. Discrete Dynamics in Nature and Society, 2014, 1-10.

WU F, MA J H. The complex dynamics of a multi-product mixed duopoly model with partial privatization and cross-ownership[J]. Nonlinear Dynamics, 2015, (80): 1391-1401.

WU F, MA J H. The equilibrium, complexity analysis and control in epiphytic supply chain with product horizontal diversification[J]. Nonlinear Dynamics, 2018, 93(4): 2145-2158.

WU F, MA J H. The equilibrium, complexity analysis and control in epiphytic supply chain with product horizontal diversification[J]. Nonlinear Dynamics, 2018, 93: 2145-2158.

WU F, MA J H. The stability, bifurcation and chaos of a duopoly game in the market of complementary products with mixed bundling pricing[J]. Wseas Transactions on Mathematics, 2014, 13: 374-384.

XIANG X, CAO B. Multidimensional game of Cournot-Bertrand model with incomplete information and its analysis[J]. Procedia Engineering, 2012 International Workshop on Information and Electronics Engineering, 2012, 29: 895-902.

XIAO Y, PENG Y, LU Q, et al. Chaotic dynamics in nonlinear duopoly stackelberg game with heterogeneous players[J]. Phys. A: Stat. Mech. Its Appl. 2018, 492: 1980-1987.

Xin B G, Chen T. On a master-slave Bertrand game model[J]. Econ. Model, 2011, 28: 1864-1870.

XIN B G, PENG W, KWON Y. A discrete fractional-order Cournot duopoly game[J]. Playsica A: Statistical Mechanics and it Applications, 2020, 558(15), 124993.

XIN B, PENG W, GUERRINI L. A continuous time Bertrand duopoly game with fractional delay and conformable derivative: modeling, discretization process, Hopf bifurcation, and chaos[J]. Frontiers in Physics, 2019, 7, 00084.

XIN B, SUN M. A differential oligopoly game for optimal production planning and water savings[J]. European Journal of Operational Research, 2018, 269: 206-217.

XIU L. Time moore: exploiting moore's law from the perspective of time[J]. IEEE Solid-State Circuits Magazine, 2019, 11(1): 39-55.

YAN R, BANDYOPADHYAY S. The profit benefits of bundle pricing of complementary products[J]. Journal of retailing and consumer services, 2011, 18(4): 0-361.

YANG H, YANG S, ZHAO J, et al. Complex dynamics and chaos control of electricity markets with heterogeneous expectations[J]. Int. Trans. Electr. Energy Syst., 2013, 24: 1047-1064.

YAO T, HUANG Z, ZHAO W. Are smart cities more ecologically efficient? Evidence from China[J]. Sustainable Cities and Society, Article, 2020, 102008.

YI L, HAN W, YIN Z, et al. An internet-of-things solution for food safety and quality control: a pilot project in china[J]. Journal of Industrial Information Integration, 2016, 3: 1-7.

ZANCHETTIN P. Differentiated duopoly with asymmetric costs[J]. Journal of Economics and Management Strategy, 2006. 15(4): 999-1015.

ZHANG Y, ZHOU W, CHU T, et al. Complex dynamics analysis for a two-stage Cournot duopoly game of semi-collusion in production. Nonlinear Dynamics, 2018, 91(2):819-83.

ZEIGLER B P. Theory of modeling and simulation[M]. Academic Press, Cambridge, MA, USA, 2nd edition, 2000.

ZhANG W B. Synergetic economics: economic chaos in deterministic systems [M]. Springer Series in Synergetics, 1991.

ZHAO X W, ZHAO Y J. Will sticky information enhance the volatility of China's economic growth[J]. China Industrial Economy, 2019(9). 42-59.

ZHOU W, CAO Y, ELSONBATY A, et al. Bifurcation analysis of a bounded rational duopoly game with consumer surplus[J]. Int. J. Bifurc.

Chaos, 2021, 31.

　　ZHOU W, LI H. Complex dynamical behaviors in a Bertrand game with service factor and differentiated products[J]. Nonlinear Dynamics, 2021, 106: 2739-2759.

附 录

Proof 1

Lemma 1. 如果一个点使雅可比矩阵等于 0，则此点为鞍点。

系统的雅可比矩阵为：

$$J = \begin{bmatrix} D_1 & D_2 \\ D_3 & D_4 \end{bmatrix} = \begin{bmatrix} \dfrac{d\eta/dt}{d\eta} & \dfrac{d\eta/dt}{d\mu} \\ \dfrac{d\mu/dt}{d\eta} & \dfrac{d\mu/dt}{d\mu} \end{bmatrix} \tag{1}$$

在（1）中，

$$
\begin{aligned}
D_1 &= \frac{d\eta/dt}{d\eta} \\
&= \mu(1-2\eta)(I_2\beta + I_1\varepsilon + \alpha_2 c_1 - I_1\varepsilon\gamma) - (1-2\eta)(c_1 - c_2 - c_N - v_F \\
&\quad - I_1\alpha_1 + I_2\alpha_1 + I_1\varepsilon - I_2\varepsilon) \\
&= \mu(1-2\eta)(I_2\beta + I_1\varepsilon + \alpha_2 c_1 - I_1\varepsilon\gamma) - A(1-2\eta)
\end{aligned}
\tag{2}
$$

$$D_2 = \frac{d\eta/dt}{d\mu} = -\eta(\eta-1)(I_2\beta + I_1\varepsilon + \alpha_2 c_1 - I_1\varepsilon\gamma) \tag{3}$$

$$D_3 = \frac{d\mu/dt}{d\eta} = \mu(\mu-1)(v_G + I_2\beta + I_1\varepsilon + \sigma R_s - I_1\varepsilon\gamma) \tag{4}$$

$$D_4 = \frac{d\mu/dt}{d\mu} = (1-2\mu)[(v_G - c_3 + I_2\beta) - \eta(v_G + I_2\beta + I_1\varepsilon + \sigma R_s - I_1\varepsilon\gamma)] \tag{5}$$

雅克比矩阵的迹（Trace）为：

$$
\begin{aligned}
Tr(J) &= D_1 + D_4 \\
&= \mu(1-2\eta)(I_2\beta + I_1\varepsilon + \alpha_2 c_1 - I_1\varepsilon\gamma) - A(1-2\eta) \\
&\quad + (1-2\mu)[(v_G - c_3 + I_2\beta) - \eta(v_G + I_2\beta + I_1\varepsilon + \sigma R_s - I_1\varepsilon\gamma)]
\end{aligned}
\tag{6}
$$

对于均衡点 $D(\eta^*, \mu^*)$

$$\begin{cases} \mu^* = \dfrac{-(c_2 - c_1 + c_N + v_F + I_1\alpha_1 - I_2\alpha_1 - I_1\varepsilon + I_2\varepsilon)}{I_2\beta + I_1\varepsilon + \alpha_2 c_1 - I_1\varepsilon\gamma} \\[4mm] \eta^* = \dfrac{v_G - c_3 + I_2\beta}{v_G + I_2\beta + I_1\varepsilon + \sigma R_s - I_1\varepsilon\gamma} \end{cases} \tag{7}$$

将 η^* 与 μ^* 带入（6），得到 Tr(J)=0。

因此 $D(\eta^*, \mu^*)$ 为鞍点。

Theorem 1 被证明。

Proof 2

Proof 2.1

$$\begin{aligned} S_A &= S_{\Delta CDB} - S_{\Delta ADC} = S_1 - S_3 \\ &= \frac{(c_2 - c_1 + c_N + v_F + I_1\alpha_1 - I_2\alpha_1 - I_1\varepsilon + I_2\varepsilon)}{2(I_2\beta + I_1\varepsilon + \alpha_2 c_1 - I_1\varepsilon\gamma)} \\ &\quad + \frac{(v_G - c_3 + I_2\beta)}{2(v_G + I_2\beta + I_1\varepsilon + bR_s - I_1\varepsilon\gamma)} \end{aligned} \tag{8}$$

$$\begin{aligned} \frac{\partial S_A}{\partial \alpha_2} &= -\frac{c_1(c_2 - c_1 + c_N + v_f + I_1\alpha_1 - I_2\alpha_1 - I_1\varepsilon + I_2\varepsilon)}{2(I_2\beta + I_1\varepsilon + \alpha_2 c_1 - I_1\varepsilon\gamma)^2} \\ &= -\frac{c_1}{2(I_2\beta + \alpha_2 c_1 + I_1\varepsilon - I_1\varepsilon\gamma)} \\ &\quad \times \frac{c_2 - c_1 + c_N + v_F + I_1\alpha_1 - I_2\alpha_1 - I_1\varepsilon + I_2\varepsilon}{I_2\beta + \alpha_2 c_1 + I_1\varepsilon - I_1\varepsilon\gamma} \end{aligned} \tag{9}$$

$\because I_1\varepsilon - I_1\varepsilon\gamma > 0, \ (1 > \gamma > 0)$

$\therefore -\dfrac{c_1}{2(I_2\beta + \alpha_2 c_1 + I_1\varepsilon - I_1\varepsilon\gamma)} < 0$

$\therefore \dfrac{c_2 - c_1 + c_N + v_F + I_1\alpha_1 - I_2\alpha_1 - I_1\varepsilon + I_2\varepsilon}{I_2\beta + I_1\varepsilon + \alpha_2 c_1 - I_1\varepsilon\gamma} < -\dfrac{1}{2}$

$\therefore \dfrac{\partial S_A}{\partial \alpha_2} > 0$

Theorem 2.1 被证明。

Proof 2.2

因为 $\dfrac{\partial S_A}{\partial v_F} = \dfrac{1}{2(I_2\beta + \alpha_2 c_1 + I_1\varepsilon - I_1\varepsilon\gamma)} > 0$，

因此，随着拒绝技术引起的负反馈的正常，系统向点 C（1，1）演化。

Theorem 2.2 被证明。

Proof 2.3

$\because (I_1\varepsilon - I_1\varepsilon\gamma) > 0, (1 > \gamma > 0)$

$\therefore \dfrac{\partial S_A}{\partial v_G} = \dfrac{[c_3 + bR_S + (I_1\varepsilon - I_1\varepsilon\gamma)]}{2[v_G + I_2\beta + bR_S + (I_1\varepsilon - I_1\varepsilon\gamma)]^2} > 0$

因此，随着正反馈的增加，系统向 C（1，1）点演化。

Theorem 2.3 被证明。

Proof 2.4

$\because I_1\varepsilon - I_1\varepsilon\gamma > 0, (1 > \gamma > 0)$

$\therefore \dfrac{\partial S_A}{\partial c_N} = \dfrac{1}{2(I_2\beta + \alpha_2 c_1 + I_1\varepsilon - I_1\varepsilon\gamma)} > 0$

这意味着增加化学成本（例如杀虫剂和农药成本）将促使系统向 C（1，1）转化。

Theorem 2.4 被证明。

Proof 3

令

$A = I_2\beta + I_1\varepsilon - I_1\varepsilon\gamma + \alpha_2 c_2 + \alpha_2 c_N + \alpha_2 v_F + I_1\alpha_1\alpha_2 - I_2\alpha_1\alpha_2 - I_1\alpha_2\varepsilon + I_2\varepsilon\gamma$

$S_{\square ADBC} = S_1 + S_3$，

四边形 $S_{\square ADBC}$ 面积的增加意味着系统更有可能向 C 或者 A 演化。如果 $A > 0$，$\dfrac{\partial S_{\square ADBC}}{\partial c_1} = -\dfrac{A}{2(I_2\beta + I_1\varepsilon + \alpha_2 c_1 - I_1\varepsilon\gamma r)^2} < 0$

也就是，增加成本 c_1 使系统向 C 或 A 演化。

此时，$\dfrac{\partial S_1}{\partial c_1} = \dfrac{A}{2(I_2\beta + I_1\varepsilon + \alpha_2 c_1 - I_1\varepsilon\gamma r)^2} > 0$

因此，减少 c_1 不能使系统向 C 演化，因此向 A（1，0）演化。

Theorem 3 被证明。

Proof 4

平衡点的稳定性可以通过系统的雅可比矩阵的特征值来获得。动力系统的雅可比矩阵如下所示：

$$
J(p_1^*, p_2^*, w) = \begin{bmatrix} \dfrac{\partial P_1(p_1^*, p_2^*, w)}{\partial p_1} & \dfrac{\partial P_1(p_1^*, p_2^*, w)}{\partial p_2} & 0 \\[3mm] \dfrac{\partial P_2(p_1^*, p_2^*, w)}{\partial p_1} & \dfrac{\partial P_2(p_1^*, p_2^*, w)}{\partial p_2} & 0 \\[3mm] \dfrac{\partial w(p_1^*, p_2^*, w)}{\partial p_1} & \dfrac{\partial w(p_1^*, p_2^*, w)}{\partial p_2} & \dfrac{\partial w(p_1^*, p_2^*, w)}{\partial w} \end{bmatrix}
$$

$$
= \begin{bmatrix} \dfrac{\partial P_1(p_1^*, p_2^*, w)}{\partial p_1} & \dfrac{\partial P_1(p_1^*, p_2^*, w)}{\partial p_2} & 0 \\[3mm] \dfrac{\partial P_2(p_1^*, p_2^*, w)}{\partial p_1} & \dfrac{\partial P_2(p_1^*, p_2^*, w)}{\partial p_2} & 0 \\[3mm] \dfrac{\partial w}{\partial p_1} & \dfrac{\partial w}{\partial p_2} & \dfrac{e^{\delta(\Pi_1+\Pi_2)}}{[(1-w)e^{\delta\Pi_2} + we^{\delta\Pi_1}]^2} \end{bmatrix}
$$

（10）

它的特征方程为：

$$
[\frac{\partial P_1(p_1^*, p_2^*, w)}{\partial p_1} - \lambda][\frac{\partial P_2(p_1^*, p_2^*, w)}{\partial p_2} - \lambda]\frac{e^{\delta(\Pi_1+\Pi_2)}}{[(1-w)e^{\delta\Pi_2} + we^{\delta\Pi_1}]^2}
$$

$$
-\frac{\partial P_1(p_1^*, p_2^*, w)}{\partial p_2}\frac{\partial P_2(p_1^*, p_2^*, w)}{\partial p_1}\frac{e^{\delta(\Pi_1+\Pi_2)}}{[(1-w)e^{\delta\Pi_2} + we^{\delta\Pi_1}]^2}
$$

$$
= \{[\frac{\partial P_1(p_1^*, p_2^*, w)}{\partial p_1} - \lambda][\frac{\partial P_2(p_1^*, p_2^*, w)}{\partial p_2} - \lambda] - \frac{\partial P_1(p_1^*, p_2^*, w)}{\partial p_2}\frac{\partial P_2(p_1^*, p_2^*, w)}{\partial p_1}\}
$$

$$
\frac{e^{\delta(\Pi_1+\Pi_2)}}{[(1-w)e^{\delta\Pi_2} + we^{\delta\Pi_1}]^2}
$$

$$
= G\frac{e^{\delta(\Pi_1+\Pi_2)}}{[(1-w)e^{\delta\Pi_2} + we^{\delta\Pi_1}]^2}
$$

（11）

在（11）中，

$$G = [\frac{\partial P_1(p_1^*, p_2^*, w)}{\partial p_1} - \lambda][\frac{\partial P_2(p_1^*, p_2^*, w)}{\partial p_2} - \lambda] - \frac{\partial P_1(p_1^*, p_2^*, w)}{\partial p_2} \frac{\partial P_2(p_1^*, p_2^*, w)}{\partial p_1}$$

二维系统的雅克比矩阵为：

$$\begin{bmatrix} \dfrac{\partial P_1(p_1^*, p_2^*)}{\partial p_1} & \dfrac{\partial P_1(p_1^*, p_2^*)}{\partial p_2} \\ \dfrac{\partial P_2(p_1^*, p_2^*)}{\partial p_1} & \dfrac{\partial P_2(p_1^*, p_2^*)}{\partial p_2} \end{bmatrix} \tag{12}$$

G 为二维系统的特征方程，此二维系统有均衡解，因此特征值 λ_1 <1， λ_2 <1。

三维系统的特征方程为：

$$\{[\frac{\partial P_1(p_1^*, p_2^*, w)}{\partial p_1} - \lambda_1][\frac{\partial P_2(p_1^*, p_2^*, w)}{\partial p_2} - \lambda_2] - \frac{\partial P_1(p_1^*, p_2^*, w)}{\partial p_2} \frac{\partial P_2(p_1^*, p_2^*, w)}{\partial p_1}\}$$

$$\{\frac{e^{\delta(\Pi_1 + \Pi_2)}}{[(1-w)e^{\delta\Pi_2} + we^{\delta\Pi_1}]^2} - \lambda_3\}$$

纳什均衡点的局部稳定性可以通过分析雅克比矩阵的特征值得到。即，如果特征值的模大于 1，则均衡点是稳定的。

当 $\Pi_1 = \Pi_2$， $w \in [0,1]$， $\lambda_3 = 1$ 时 $J(p_1^*, p_2^*, w)$ 的特征值，其他特征值 λ_1 和 λ_2 都小于 1。因此，点 (p_1^*, p_2^*, w)， $w \in [0,1]$ 为稳定均衡点。

当 $\Pi_1 > \Pi_2$， $w=1$， $\lambda_3 = \dfrac{e^{\delta(\Pi_1 + \Pi_2)}}{[(1-w)e^{\delta\Pi_2} + we^{\delta\Pi_1}]^2} = \dfrac{e^{\delta\Pi_2}}{e^{\delta\Pi_1}} < 1$，因此，

$(p_1^*, p_2^*, 1)$ 是此模型的稳定均衡点。

当 $\Pi_2 > \Pi_1$， $w=0$， $\lambda_3 = \dfrac{e^{\delta(\Pi_1 + \Pi_2)}}{[(1-w)e^{\delta\Pi_2} + we^{\delta\Pi_1}]^2} = \dfrac{e^{\delta\Pi_1}}{e^{\delta\Pi_2}} < 1$，因此，

$(p_1^*, p_2^*, 0)$ 是此模型的稳定均衡点。

Theorem 4 被证明。